VISIONES EN CONFLICTO

En este pequeño y corto libro, el profesor Robert Yarbrough sostiene lo que debe ser obvio para muchos, pero no lo es; es decir, que el Nuevo Testamento es un libro religioso y por lo tanto es un libro de interés para personas religiosas. No es un texto para ser perpetuamente comparado, diseccionado o deconstruido para el entretenimiento de las élites, o para proporcionarles la seguridad de que no necesitan tomarse a Dios con demasiada seriedad. Por el contrario, Yarbrough demuestra que la mayoría de los cristianos en la mayor parte del mundo, están interesados en la dimensión teológica y espiritual de la Biblia y que esa es una forma legítima de leer la Biblia. Aunque pueden cuestionarse algunos de sus puntos, su tesis básica sostiene que la Biblia es un libro de la iglesia.

MICHAEL F. BIRD
Decano académico y catedrático en teología
Ridley College, Melbourne, Australia

Basado en su experiencia en historia de la erudición del Nuevo Testamento y en la publicación de comentarios, el profesor Robert Yarbrough resume aquí sus visiones sobre las peguntas más importantes de la erudición bíblica: ¿Con cuáles métodos, con cuáles visiones de la Escritura abordamos la Biblia? Lo que encontremos en ella, sea que ayude a nuestra vida aquí en la tierra y en la eternidad, dependerá de decisiones hermenéuticas. El profesor Yarbrough presenta muchos ejemplos de dos enfoques «encontrados»—pero solo uno de ellos produce un fruto que lleva y fortalece a los lectores de la Escritura a encontrar y seguir a Cristo como su Salvador. El cristianismo está creciendo en lugares en donde la gente lee la Escritura con apertura a sus propias afirmaciones y no como jueces de ellas. Hay esperanza para el cristianismo, y también para la misión, si Jesús es el centro de la Escritura y de la vida de sus lectores.

PÉTER BALLA
Rector, Universidad Károli Gáspár de la
Iglesia Reformada de Hungría

El libro de Bob Yarbrough, *Visiones en conflicto*, es una bocanada de aire fresco en medio de la contaminación teológica del cristianismo liberal que persiste en el mundo Occidental. El libro contrasta a los «elitistas» liberales y a los cristianos «populistas». Los primeros han negado lo sobrenatural de la Biblia, mientras que los últimos lo creen (por ejemplo, la deidad de Cristo, el nacimiento virginal, los milagros de Cristo, la inerrancia de la Biblia, la muerte sustituta de Jesús y la resurrección de Cristo). Al principio del libro, Yarbrough narra un debate entre un teólogo «elitista» clásico (educado en el Wheaton College y quien estudió bajo la tutela de Yarbrough mismo) y un «populista», a quien también enseñó en la misma universidad estadal en Suecia. El debate entre estos dos teólogos proporciona una excelente ventana a través de la cual ambas perspectivas contrastantes pueden ser vistas. Cualquiera que ha estudiado estudios bíblicos o teología en una universidad no evangélica o seminario (como es mi caso), se identificará inmediatamente y apreciará este libro. Los «elitistas» raramente aceptan puntos de vistas que se oponen a los suyos y hacen sentir estúpidos a quienes no están de acuerdo con ellos. Yarbrough, de hecho, muestra que son los «elitistas» quienes están desfasados del cristianismo histórico, el cual viene desde los Apóstoles. El libro provee perspectiva, evidenciando que la teología «elitista» está perdiendo impacto en el movimiento cristiano alrededor del mundo, mientras que el «populismo»; es decir, el cristianismo que cree en la Biblia, se está expandiendo como fuego alrededor del mundo (especialmente en Latinoamérica y África). Este es un libro que cada estudiante cristiano debería leer antes de estudiar en una institución no evangélica. Incluso aquellos que están en instituciones que creen en la Biblia (incluyendo seminarios) se beneficiarán, ya que muy probablemente leerán libros de «elitistas» y podrían en algún punto estudiar con algunos de ellos en un posgrado. Hallé el libro fascinante y me costó dejar de leerlo. Solo los apéndices sobre el peregrinaje de vida de dos teólogos «populistas» valen el precio del libro.

G. K. BEALE
Presidente de J. Gresham Machen y profesor de investigación del Nuevo Testamento y teología bíblica, Seminario Teológico de Westmisnter. Philadelphia, Pennsylvania

Visiones en Conflicto es, al mismo tiempo, profético y pastoral, polémico e irénico, inquietante y motivante, accesible a académicos y a laicos. Yarbrough contrasta a millones de populistas fanáticos de lo espiritual, creyentes de la Biblia e incluso 'testigos valientes' con los sombríos, pero influyentes, pelotones entusiastas de Baur y Bultmann, el gremio élite que ha caído en la fea y ancha fosa del criticismo histórico. Emplea un elenco de cientos con garbo tanto antiguo como contemporáneo, cita himnos viejos y canciones Tom Petty, así como de Werked fascinado por Aufklärung, y acuña expresiones («neoalegórico») así como se apropia de otras («ecología humana»). Los testimonios son convincentes, ya que es una foto de lápidas contrastantes. Una gran lectura.

MARK COPPENGER
Profesor de filosofía cristiana y ética,
Seminario Teológico Bautista del Sur

VISIONES EN CONFLICTO

Populismo y elitismo en la teología del Nuevo Testamento

Robert W. Yarbrough

© 2021 Publicaciones Kerigma

Visiones en Conflicto: Populismo y elitismo en la teología del Nuevo Testamento
Publicado originalmente en ingles bajo el título: *Clash of Visions: Populism and Elitism in the New Testament Theology*, por Christian Focus Publications Ltd.

Traducción y edición: Publicaciones Kerigma

Diseño de Portada: Publicaciones Kerigma

© 2021 Publicaciones Kerigma
Salem Oregón, Estados Unidos
http://www.publicacioneskerigma.org

Todos los derechos son reservados. Por consiguiente: Se prohíbe la reproducción total o parcial de esta obra por cualquier medio de comunicación sea este digital, audio, video escrito, salvo para citaciones en trabajos de carácter académico según los márgenes de la ley o bajo el permiso escrito de Publicaciones Kerigma.

2021 Publicaciones Kerigma
Salem Oregón
All rights reserved

Pedidos: 971 304-1735

www.publicacioneskerigma.org
ISBN: 978-1-948578-89-9

Impreso en los Estados Unidos
Printed in the United States

Contenido

Introducción 11

CAPÍTULO UNO. La perenne objeción «crítica» a una lectura «confesional» de la escritura 19

CAPÍTULO DOS. La perenne atracción a una interpretación neoalegórica: el regreso de Baur y Bultmann 45

CAPÍTULO TRES. ¿Es el acercamiento posible… o incluso relevante? 69

APÉNDICE 1: Testimonio de un obispo luterano alemán y erudito del Nuevo Testamento: «La Pascua es el tema central de mi vida» 95

APÉNDICE 2: La cruz y la sanidad humana 105

Trabajos citados 113

Introducción

Un asunto de primer orden es aclarar los términos pares del subtítulo de este libro: «populismo» y «elitismo». A medida que el libro avanza emergen definiciones y descripciones detalladas. Por ahora, es importante enfatizar solamente que ninguna de las palabras tiene alguna conexión con figuras políticas importantes como Donald Trump (considerado por muchos como un líder populista en el sentido peyorativo) o sus oponentes. Este no es un libro sobre convicciones o movimientos políticos. Es un análisis sobre las perspectivas hermenéuticas que afectan la forma como el Nuevo Testamento es leído y sintetizado en dos ámbitos contrastantes, conceptual y geográficamente: uno en el cual la iglesia tiende a estar estancada o disminuida, el otro en el cual el más grande incremento numérico de cristianos profesos en la historia mundial va progresando por varias generaciones y se proyecta que continúe.

Puesto eso de lado, este estudio subyace sobre un dinamismo dual.

1.Ocasión

Primero, hubo una invitación para dar las Conferencias de Gheens en el Seminario Teológico Bautista del Sur en Louisville, Kentucky, el 27 y 28 de febrero de 2018. Los tres capítulos de este libro son básicamente esas conferencias. Ha habido algún desarrollo de las notas de pie de página y, por ejemplo, no fueron parte de la conferencia. En general los cambios, aunque significativos, no han sido extensos.

Estoy agradecido por la administración y la facultad de ese seminario histórico, por la oportunidad de explorar el tema que a la larga establecí para esta ocasión y audiencia. Además, al Dr R. Albert Mohler, Jr, Presidente, cuyos oficios extendieron la invitación. Merecen agradecimiento especial aquellos que estuvieron involucrados en los arreglos y la estadía: Dr Gregory A. Wills, Decano de la Escuela de Teología; y también los profesores Dr Jonathan Pennington, el Dr Daniel Gurtner, el Dr Mark Coppenger, el Dr Thomas Schreiner, el y Dr Brian Vickers. También, en la tarea de la logística estuvieron la Sra. Elizabeth McCulley, Asistente Administrativa Principal del Decano, y Trey Moss, Asistente del Director de Investigación de Estudios Doctorales. El Sr. Moss también participó en los arreglos para una tarde agradable con el seminario doctoral semanal al que asistieron varias docenas de estudiantes. Mis más sinceros agradecimientos para todos.

2. Ámbito de Estudio

Segundo, siendo que he estado involucrado por más de treinta años en la enseñanza del Nuevo Testamento y materias relacionadas (es decir, griego helénico, Septuaginta, historia de la interpretación), y dado que tengo un interés particular en el ascenso y desarrollo (especialmente en Alemania) de la interpretación contemporánea del Nuevo Testamento,[1] fui atraído a un estudio que se centrara en asuntos y personalidades importantes en ese campo. Un animoso intercambio entre dos eruditos en la Universidad de Uppsala que fue publicado capturó los elementos claves de la tensión que deseaba explorar. Ese intercambio se convirtió en la médula del capítulo uno, el cual contrasta la tan llamada interpretación «crítica» del Nuevo Testamento con lo que puede definirse como la lectura «confesional». En los términos del título de este libro, «crítica» con frecuencia asume las formas de una orientación «elitista», mientras que «confesional» frecuentemente se alinea con la «populista».

El término «elitista» es apropiado en el sentido de que la interpretación «crítica» (forma abreviada de «histórica-crítica») es principalmente el ámbito de un grupo relativamente pequeño de eruditos altamente entrenados, quienes en muchos casos no consideran la Biblia como texto sagrado que la mayoría de cristianos, en la mayoría de los lugares y los tiempos, han atribuido a la Escritura ser. En este sentido, cuestionan la exactitud de cualquier número de representaciones hechas en los documentos, y desacreditan las lecturas de esos documentos que no se ajustan a la convención «crítica». Este descrédito es completamente demostrado en el capítulo uno.

«Populista» es igualmente apropiado porque en formas descritas más adelante, rechaza la necesidad de intervención elitista para entender el mensaje de la Escritura lo suficientemente como para ser salvo por Cristo, quien es cuya historia transmite. «Populista» se refiere a un enfoque a la Escritura que es informal (no herméticamente regido), desligado de convenciones y métodos demasiado rigurosos (aunque como muestra el capítulo uno, los eruditos «populistas» pueden muy bien afirmar y practicar esas convenciones y métodos en ambientes del gremio profesional), y abierto a ver los textos bíblicos a la luz de verdades dogmáticas que los lectores eclesiásticos han tendido a encontrar allí por siglos.

«Populista» también es apropiado a la luz de la situación mundial de la iglesia, en la cual el número de creyentes cristianos ha explotado en las generaciones recientes. Ellos tienden a leer la Biblia de una forma «populista»; es decir, hallan la verdad de la doctrina cristiana afirmada en los documentos «históricos» que contiene la Biblia. La lectura «elitista», en contraste, con frecuencia niega la eficacia salvífica, exactitud, o incluso, relevancia de los textos bíblicos. Puede que sea provechoso someterlos al escrutinio «crítico», pero las típicas aseveraciones «críticas» sobre la naturaleza humana, la Escritura y Dios, no constituyen un testimonio de autoridad para la salvación que Jesús ofrece a aquellos que aceptan la Escritura como Palabra de Dios (admitiendo al mismo tiempo que reflejan, tanto por necesidad histórica como por diseño divino), un considerable componente humano.

Mientras que el capítulo uno describe y dramatiza la tensión entre los puntos de vista populista y elitista, el capítulo dos explora cómo la erudición está actualmente reconsiderando, y con frecuencia reafirmando, enfoques elitistas a la teología del Nuevo Testamento que muchos creían haber descartado generaciones atrás. Los expertos destacados son F. C. Baur (1792–1860) y Rudolf Bultmann (1884–1976). La apreciación elitista de la teología del Nuevo Testamento, entonces, en lugar de debilitarse o moderarse luego de que grandes personalidades en la tradición (como Baur y Bultmann) fueran pesados y hallados faltos, está regresando a algunos círculos.

El capítulo tres aborda la pregunta de cómo las visiones elitista y populista se conectan o interrelacionan, o cómo no lo hacen. No es la meta o la intención de la hermenéutica populista boicotear o eliminar los enfoques elitistas. Sí es, sin embargo, la meta e intención populista sacar el mejor provecho de todo escrutinio detallado y fundamentado del Nuevo Testamento, impedido por las—a veces disimuladas—normas básicas del elitismo, las cuales, si se siguieran, llegarían incluso al punto de eliminar la posibilidad y necesidad de una confesión personal de fe en el Salvador crucificado—pero levantado. La lectura elitista también eliminaría la perspectiva «elevada» de la Escritura que ha caracterizado el entendimiento de la iglesia populista, y que ha sido determinante en la expansión y el crecimiento meteórico de la iglesia alrededor del mundo en las décadas recientes. El capítulo tres explora unas seis formas en las que la lectura populista ofrece esperanza para la comprensión fructífera de la Escritura, para la apropiación personal y colectiva de su mensaje, y para el progreso continuo en la investigación de los textos del Nuevo Testamento, su idioma, su historia, su contexto histórico y cultural, entre otros.

El apéndice final ilustra cómo una conversión de un rechazo al mensaje de la Biblia a la internalización del mismo, provee el potencial para cambios fundamentales en la conciencia social y la aceptación de aquellos a quienes nosotros intrínsecamente consideramos como «otros», y un compromiso a una vida de amor y servicio por el bien de otras personas y la gloria de Dios.

3. El perenne problema y la esperanza

Mientras que las condiciones históricas peculiares de Europa y el aumento del criticismo histórico son nuevos de muchas formas, la naturaleza humana y sus efectos sociales muestran rasgos constantes, o por lo menos recurrentes, a través de los siglos. Hay similitudes extraordinarias entre dos grupos aludidos en este estudio y dos grupos presentes en los tiempos de Jesús descritos por Chris Keith en su libro *Jesus Against the Scribal Elite: The Origins of the Conflict*.[1] Un grupo,

---

[1] Grand Rapids: Baker Academic, 2014.

altamente entrenado en lo que Keith llama instrucción escribana, constituía una hegemonía de autoridad que resistía los cuestionamientos fuera de sus convicciones y rangos. Jesús se atravesó en sus miras, no porque no mostrara sabiduría, aplomo o comprensión, sino porque Su (falta de) entrenamiento, su hermenéutica disidente (en su opinión), y posición social motivó a la élite que desestimara sus afirmaciones. ¿Cómo podía un trabajador manual carente de entrenamiento formal de escribas, estar en lo correcto en contraposición al consenso de una convicción erudita que gradualmente se galvanizó en oposición a Él?

Uno no debe romantizar la falta de aprendizaje. Hay males en el populismo que merecen señalarse. Por ejemplo, «el ingreso de misiones globales extranjeras» en la actualidad se calcula es sesenta billones de dólares.[2] Las comunidades celosas por «las misiones extranjeras globales» son probablemente de más convicción confesional que elitistas. Pero el exorbitante «ingreso de misiones globales extranjeras» en 2019 es dinero perdido por el «crimen eclesiástico», definido como «montos malversados por guardianes principales de dineros cristianos». Durante 2019, sesenta y ocho billones de dólares están siendo desviados por corrupción en la iglesia. Mucho de esto se da bajo patrocinios populistas. No hay comunidades perfectas de hermenéutica bíblica; y tener la mejor hermenéutica no es garantía de una vida recta en la práctica.

Aunque sí podemos señalar los males a los cuales (digamos) los celosos misiológicos están sometidos, podemos también alertar sobre las tendencias de la élite. Daniel J. Mahoney ha escrito elocuentemente en *The Idol of Our Age: How the Religion of Humanity Subverts Christianity* sobre las «élites globales» quienes «no ven ninguna necesidad de la gracia para la cual la Iglesia es un instrumento sacramental».[3] Más ampliamente, muchos ponen «fe en la capacidad de una élite internacional de tecnócratas para que gobiernen el mundo».[4] Pero las élites en ambos dominios minimizan o descartan las consideraciones trascendentales que están en el corazón de la enseñanza

---

[2] Las estadísticas en el párrafo son de Todd M. Johnson, Gina A. Zurlo, Albert W. Hickman, y Peter Crossing, 'Christianity 2019: What's Missing? A Call for Further Research,' *International Bulletin of Missionary Research* 43/1 (January 2019) 98.

[3] New York/London: Encounter Books, 2018, p. 15.

[4] Ibid., p. 97.

cristiana y la experiencia con Dios que puede crecer a partir de esa enseñanza.

Como surgirá más adelante, mientras la convicción de la élite generalmente se correlaciona con regiones en donde la iglesia Protestante está en declive, en áreas de fe populista el número de cristianos está incrementándose. Una nueva herramienta para medir los desarrollos, por ejemplo, es *Christian Reflection in Africa*.[5] Este tomo de casi ochocientas páginas contiene mil doscientos resúmenes de libros y artículos que dan luz sobre la expansión meteórica de las iglesias en África en los últimos treinta años.

La investigación en otras áreas ha aparecido a un ritmo acelerado: para tomar solo un ejemplo, hay una tesis de PhD de la Middlesex University de 2018 (supervisada en la Escuela de Teología de Londres) por Darren Carlson: *Christian Faith and Practice Amongst Migrants in Athens, Greece*. El resumen de la tesis describe este trabajo como

> *el primer estudio extenso de la fe de comunidades migrantes y centros de refugiados conducido en Atenas. El estudio rastrea las historias de los viajes de los participantes desde que dejan sus países de origen y migran a Atenas. Discute las formas como cristianos sirvieron a los migrantes durante el viaje, las formas en que específicos centros de refugiados sirvieron y proclamaron el evangelio, y el impacto que el testimonio cristiano tuvo en los migrantes que no eran cristianos. El estudio discute las razones que los participantes de procedencia musulmana dieron para convertirse a la fe cristiana, y las luchas que los nuevos creyentes experimentaron al encontrarse en una nueva comunidad de fe. Esta investigación se suma a una creciente literatura sobre la conversión entre migrantes, particularmente musulmanes, quienes reportaron sueños sobrenaturales como parte de la experiencia de su conversión. Finalmente, este estudio examina ocho comunidades de fe específicas, formadas por afganos, persas, eritreos, ghaneses, europeos, americanos y griegos, discutiendo las maneras como se formaron y sus distintivos únicos.*[6]

---

[5] Paul Bowers, ed. (Carlisle, U.K.: Langham Global Library, 2018).
[6] Darren Carlson, 'Christian Faith and Practice Amongst Migrants in Athens, Greece,' PhD thesis, Middlesex University, 2018, ii.

Introducción

La Biblia—leída de una forma populista no elitista—es la clave en este reporte de investigación. Esto se vuelve claro especialmente en secciones como «Leer o estudiar la Biblia».[7] Ciertamente el poder de la Biblia es con frecuencia activado por aquellos que la conocen y la viven, como el siguiente incidente ilustra. Pero obsérvese también la fuerza de solo una porción del verso juanino (3:16):

Un pastor griego halló que el amor de Dios es la forma más convincente de compartir la fe cristiana con los refugiados musulmanes. Un día un grupo de hombres se aparecieron en el centro de su ministerio para hablar:

Así que cerré la puerta y me preguntaron, «Somos musulmanes, ¿sabe?». Y yo dije, «Está bien. ¿Qué puedo hacer por ustedes?». Él dijo, «¿Qué siente hacia el Corán?». Y le dije, «No sé. Sé una cosa, que Dios les ama: "Porque de tal manera amó Dios al mundo que dio a su Hijo unigénito". Algunos de ellos empezaron a llorar. Y dijeron, «Nunca habíamos escuchado ese concepto».

El misionero griego no había leído el Corán. No tenía entrenamiento cultural acerca de cómo alcanzar musulmanes. Los musulmanes sabían del misionero griego por otros musulmanes quienes habían sido alimentados y vestidos por él; ellos querían entender porqué. Como resultado, todos los hombres empezaron a asistir a un estudio bíblico, confesaron a Jesús como Señor y fueron bautizados.[8]

A pesar de los desacuerdos de los elitistas y los populistas en muchos sectores, hay esperanza. «¡La palabra de Dios no está presa!». (2Tim. 2:9). Que este libro sea una fresca posibilidad para el descubrimiento de esa exclamación.

---

[7] Ibid., pp. 154-6.
[8] Ibid., pp. 153-4.

CAPÍTULO UNO

La perenne objeción «crítica» a una lectura «confesional» de la escritura

1.La forma del problema

El tema que deseo abordar es quizá el elefante más grande de la habitación cuando se trata del tipo de estudio académico a nivel de postgrado de la Escritura, teología, y materias relacionadas, impartidas en seminarios cuyo objetivo es equipar ministros de la Palabra para el servicio en las iglesias cuyos miembros considera la Biblia como verdadera. (Lo que significa «verdadero» aquí aparecerá en la discusión más adelante).

Los estudios académicos robustos de la Escritura a nivel de postgrado en la mayoría[1] de estos seminarios es lo que podríamos llamar el gremio. De hecho, en la perspectiva del gremio se establecen las normas y el tono para tal estudio. Estoy hablando de profesores del Antiguo Testamento, Nuevo Testamento y materias relacionadas que llenan las escuelas de post-grado y las facultades seminarios alrededor del mundo. Estas son las autoridades élites de los estudios bíblicos a nivel mundial, en su visión; y tal autoridad significa títulos, entrenamiento e influencia, están en lo correcto. Para confirmar la existencia auto-consciente de esta sociedad, algunos de sus distintivos y sus prospectos, el libro por

---

[1] Algunos estiman ligeramente el estudio académico de la Escritura, pero la mayoría está dotada de profesores que han obtenido doctorados de universidades reconocidas internacionalmente o escuelas teológicas de posgrado análogas. Los profesores entrenados a ese nivel tienden a valorar el aprendizaje que han recibido, son agradecidos por cómo les ha aumentado tanto la fe como el entendimiento, y buscan infundir experticia académica (pro confesional) en sus estudiantes.

Stephen D. Morore e Yvonne Sherwood, *The Invention of the Biblical Scholar: A Critical Manifesto* es útil.[2]

Para la mayoría de los cristianos activos en todo el mundo y especialmente en tierras en las que son perseguidos, la Biblia es considerada verdadera cuando habla de asuntos como,

1. un Dios creador trascendente
2. la Trinidad
3. la naturaleza caída
4. la Encarnación
5. la divinidad de Cristo
6. el nacimiento virginal de Cristo, la muerte expiatoria, la resurrección física
7. los milagros bíblicos
8. el nuevo nacimiento a través de la renovación del Espíritu Santo cuando el evangelio es predicado y recibido
9. el regreso corporal, glorioso y visible de Jesucristo
10. vida y castigo eternos
11. una Escritura inspirada y confiable que afirma todas estas cosas y mucho más.

En contraste, un gran número de profesores universitarios que enseñan en áreas bíblicas y teológicas, y muchos que enseñan en seminarios, estiman la Biblia muy distintamente.

Para esta élite, la Biblia no es, como la iglesia ha confesado históricamente, la santa e inerrante Palabra de Dios que lleva a los pecadores a la salvación y ofrece al mundo salvación por la fe o juicio por incredulidad. Es mas una colección al azar de textos dispares que no son más reveladores de Dios que otros textos asociados con otras religiones. Por eso es que algo como (lo que vino a ser llamado) el criticismo histórico de los textos bíblicos es necesario: para indagar sobre los textos, a ver lo que realmente los produjo, qué hizo que los escritores escribieran tan extensa y profundamente sobre eventos que la hegemonía del «nosotros» de los eruditos post-Ilustración sabe nunca pudieron haber tomado lugar.

---

[2] Minneapolis: Fortress, 2011.

Sin embargo, en muchas formas, es este gremio el que fija la agenda, incluso en contextos en donde se afirma que la Biblia es «verdadera» (véase arriba), por la forma como se ejecutan los estudios bíblicos y teológicos. Las prioridades del gremio van encaminadas a determinar qué es significativo para un estudiante ministerial para estar al tanto e interactuar en su entrenamiento, y a prepararse para el ministerio una vez se gradúen. Y es no es para nada malo. Los eruditos que tienen una visión sombría del cristianismo histórico pueden aún producir estudios valiosos en comparación a aquellos que no. El trabajo lexicográfico de Walter Bauer (1877-1960) consagrado en el lexicón griego estándar de Nuevo Testamento sirve como ejemplo.[3] Podemos agradecer la gracia común de Dios en la forma del trabajo académico sólido para cualquiera y todos los sectores.[4]

Sin embargo, el hecho de que Walter Bauer también escribió el libro traducido como *Orthodoxy and Heresy in Earliest Christianity* [Ortodoxia y herejía en el cristianismo primitivo] (1934; ET 1971), un estudio que colaboró mucho para afinar y hacer progresar la idea de que la herejía precedió la ortodoxia en el cristianismo primitivo, y que la «ortodoxia» es una imposición helenística y romana en el movimiento espiritual y ético que Jesús de hecho fundó, hasta que Pablo y otros lo distorsionaron, es un recordatorio de lo inútil. Lo erróneo es con frecuencia promovido por los eruditos post-confesionales.[5] No puede ser útil, tampoco, que lidiar con afirmaciones erróneas deba con tanta frecuencia consumir el tiempo de clases en aula e investigación de los estudiantes en entrenamiento teológico en donde se cree en la Biblia.

---

[3] La referencia aquí es a *A Greek-English Lexicon of the New Testament and Other Early Christian Literature* de Bauer, ed. Frederick William Danker, 3ra edición (Chicago y Londres: The University of Chicago Press, 2000), comúmente citado como BDAG.

[4] Para un elogio de la erudición bíblica en general, véase Craig Blomberg, «A Constructive Traditional Response to New Testament Criticism», en James K. Hoffmeier y Dennis R. Magary, eds., *Do Historical Matters Matter for Faith? A Critical Appraisal of Modern and Postmodern Approaches to Scripture* (Wheaton: Crossway, 2012), pp. 345-65.

[5] Para un libro que ejemplifica el enfoque de Baue, véase Elaine Pagels, *Beyond Belief: The Secret Gospel of Thomas* (Nueva York: Random House, 2003). La tesis de Bauer documenta mucho del trabajo de Bart Ehrman. Para análisis de la tesis de Bauer de la herejía precediendo la ortodoxia, véase Paul A. Hartog, ed., *Orthodoxy and Heresy in Early Christian Contexts: Reconsidering the Bauer Thesis* (Eugene, OR: Pickwick, 2015); Andreas J. Köstenberger y Michael J. Kruger, *The Heresy of Orthodoxy: How Contemporary Culture's Fascination with Diversity Has Reshaped Our Understanding of Early Christianity* (Wheaton: Crossway, 2010).

Visiones en conflicto

No estoy diciendo que no sea necesario: lo es, por lo menos en muchos lugares. Pero estoy diciendo que usar el tiempo para absorber y responder a las explicaciones de la erudición incrédula del Nuevo Testamento es lamentable, y a veces destructivo, en el sentido que no todos los estudiantes (o profesores[6]) logran salir de la interacción de la tan llamada erudición crítica con su fe y sano juicio intactos.

Hay otra desventaja en esto: mientras más tiempo y atención vertimos en la veneración *de facto* de las personalidades canónicas de la tan llamada erudición crítica occidental y sus teorías, más profunda la impresión que damos entre nuestros estudiantes de que ahí es donde está la verdad, en aprender y quizá después calificar las grandes teorías de los pensadores post-confesionales dominantes de cada generación. Mientras más energía invertimos en internalizar y luego corregir sus afirmaciones equivocadas acerca de la Biblia que abundan (especialmente) en los contextos occidentales (aunque se hallan en todo el mundo), más se profundiza en muchos de nuestros estudiantes la falta de conocimiento bíblico que nuestra sociedad, e incluso nuestras iglesias parecen promover hoy día, porque queda menos tiempo en el currículo para aprender y enseñar la Escritura por ellos mismos, pero sí lo hay para las llamadas teorías críticas sobre las Escrituras. Esto nos da luz acerca de lo que yo llamo «elitismo en la teología del Nuevo Testamento». Diré más de esto abajo, pero tengo en mente la sociedad que floreció en la Ilustración alemana (con una pre-historia mucho antes de eso). Este enfoque del Nuevo Testamento asumió sus posturas especialmente de G.E. Lessing (1729-1781) y Enmanuel Kant (1724-1804), y luego de F.C. Baur (1792-1860) y de la escuela Tübingen, y más tarde la escuela de historia de la religión, y finalmente la gran síntesis de la convicción del Nuevo Testamento por Rudolf Bultmann.[7] De este movimiento han salido un número de libros titulados «teología del Nuevo Testamento» o similares, particularmente en Alemania, y

---

[6] Para cómo la erudición ha afectado a veces negativamente la fe de aquellos que están en ella, véase Robert Yarbrough, '*God's Word in Human Words: Form-Critical Reflections*', en Hoffmeier and Magary, eds., *Do Historical Matters Matter for Faith?*, pp. 327-43.

[7] Para docenas de valiosas lecturas de Fuentes primarias que van desde Lutero hasta Bultmann y más allá, véase Joachim Cochlovius and Peter Zimmerling, eds., *Evangelische Schriftauslegung: Ein Quellen- und Arbeitsbuch für Studium und Gemeinde* (Krelingen: Rüstzentrum/Wuppertal: R. Brockhaus, 1987).

estudios que contribuyen a la comprensión artificial de toda la enseñanza e historia del Nuevo Testamento y a veces ambas.

La teología del Nuevo Testamento comprendida por la élite académica, mientras que ha tomado muchas formas durante los últimos dos siglos, siempre ha estado de acuerdo en que las afirmaciones teológicas claves fomentadas en el Nuevo Testamento, si solo las tomas y la lees, están erradas. El entrenamiento teológico, en consecuencia, en gran medida, involucra aprender qué podría o puede decirse con respecto al Nuevo Testamento dado que mucho de su propio testimonio no puede ser tomado en el sentido literal.

En cuanto al populismo en la teología del Nuevo Testamento, ya arriba enlisté cerca de una docena de convicciones tradicionales de las personas que pertenecen a este grupo, el cual en mi opinión viene desde el primer siglo, a diferencia de la perspectiva elitista la cual, según ellos mismos reconocen, solo comenzó con el rechazo de la lectura populista en la Europa moderna. Diré más sobre el populismo en la próxima sección, pero en el nivel académico podemos señalar valoraciones artificiales del Nuevo Testamento como esas producidas en generaciones recientes por George Ladd, Donald Guthrie, I. Howard Marshall, Frank Thielman, Thomas Schreiner, Ben Witherington III, y Craig Blomberg.[8] Más ampliamente, estoy me refiero al cuerpo de convicciones que caracterizan a las comunidades que afirman el alto valor de la Escritura que estos eruditos evangélicos juntos con otros sostienen. Hoy debemos hablar de los ahora cientos de millones de cristianos que han sido añadidos a la Iglesia en un vasto movimiento que no ha sido debidamente reportado en Occidente y virtualmente ignorado por la élite occidental, incluyendo la élite teológica. Esta es la médula del populismo que tengo en mente. Ha sido relatado desde varios ángulos por Philip Jenkins en libros como *The Next Christendom:*

---

[8] George Ladd, *A Theology of the New Testament*, rev. ed. (Grand Rapids: Eerdmans, 1993); Donald Guthrie, *New Testament Theology* (Leicester, U.K. and Downers Grove, IL: Inter-Varsity, 1981); I. Howard Marshall, *New Testament Theology* (Downers Grove: IVP Academic, 2014); Frank Thielman, *Theology of the New Testament*, 2da ed. (Grand Rapids: Zondervan, 2015); Thomas Schreiner, *New Testament Theology* (Grand Rapids: Baker Academic, 2008); Ben Witherington III, *The Indelible Image*, 2 vols. (Downers Grove: InterVarsity, 2009–2010); Craig Blomberg, *A New Testament Theology* (Waco, TX: Baylor University Press, 2018).

The Coming of Global Christianity[9] o *The New Faces of Christianity: Believing the Bible in the Global South*.[10] Mark Noll también ha explorado estos acontecimientos en *The New Shape of World Christianity: How American Experience Reflects Global Faith*.[11] Otros numerosos libros podrían ser citados.

¿Qué tan importante es esta presencia populista? Considere lo que hace casi una década Patrick Johnstone en *The Future of the Global Church*[12] escribió sobre «la expansión de la fuerza misionera en el siglo 20». Él aseveró:

La movilización de los cristianos en las misiones desde 1900 ha sido sorprendente. De 17.400 en 1900, el número se elevó lentamente a 43.000 en 1962, pero luego vino el crecimiento explosivo que siguió el Avivamiento alrededor de ese tiempo con unos 200.000 [misioneros] en 2000 y quizá incluso 300.000 en 2010. Esto ha ocurrido incluso mientras misiones de denominación no evangélicas colapsaron, con una nueva ola de más misioneros evangélicos para reemplazarlos.

Actualmente el número de misioneros trabajando fuera de sus propios países—cada vez más de países como Brasil, Corea del Sur, Nigeria y China, no de Occidente—ha sido ubicado a 450.000. Se proyecta que aumente a 550.000 para 2025 y a 700.000 para 2050.[13] Hay actualmente 5.400 agencias que envían misioneros a otros países que se proyectan lleguen a 6.000 para 2025 y a 7.000 para 2050.[14]

Los números de cristianos en tierras que reciben y ahora envían el mensaje misionero han sido incluso más dramáticos. Europa *fue* cristiana por unos 1.000 años. Aún en 1900 había sesenta millones de cristianos más en Europa que en Latinoamérica. En 2014, no obstante, Latinoamérica sobrepasó a Europa como el continente con más cristianos. Pero solo brevemente: en 2018, África superó a

---

[9] 3ra ed.; New York: Oxford University Press, 2012.
[10] Nueva York: Oxford University Press, 2008.
[11] Downers Grove: IVP Academic, 2013.
[12] Downers Grove: InterVarsity, 2011, 228.
[13] Para estas cifras, véase Todd M. Johnson, Gina A. Zurlo, Albert W. Hickman, y Peter Crossing, 'Christianity 2019: What's Missing? A Call for Further Research,' *International Bulletin of Missionary Research* 43/1 (January 2019) p. 97.
[14] Ibid.

Latinoamérica. Actualmente África tiene 599 millones de cristianos y Latinoamérica 597 millones. Europa es la tercera, con 550 millones. Se cree que en 2050 la clasificación será: 1) África con 1.25 billones, 2) Latinoamérica con 705 millones, 3) Asia con 588 millones y 4) Europa con 490 millones. Por cierto, Norteamérica no está incluida aquí: 231 millones hoy, 259 millones en 2050.[15] Y en todo esto debemos tener en cuenta que en las tierras en donde la Iglesia ha crecido recientemente son más propensos a ser más cristianos quienes son fervientes y creen en la Biblia, mientras que en Europa y Norteamérica muchos que son calificados socialmente como cristianos, afirman una fe y tiene una práctica que es laxa, blanda y que da concesiones culturales tomando como referencia muchos de los estándares africanos, asiáticos, y latinoamericanos.

El ascenso al protagonismo del cristianismo no occidental que cree en la Biblia ha estado tomando lugar, mientras que las iglesias liderizadas por gente entrenada en la teología elitista del Nuevo Testamento se ha reducido dramáticamente. Las iglesias estadales, incluyendo el Reino Unido, han estado por mucho tiempo en un declive precipitoso. La experiencia en Estados Unidos ha sido similar. En 1965 las denominaciones en Norteamérica asociadas con la línea tradicional—muchos bautistas en el norte, los Discípulos de Cristo, la Iglesia Unida de Cristo, los Episcopales, y los metodistas liberales, luteranos y presbiterianos—constituían un 50 por ciento de la población estadounidense. Hoy estos grupos representan menos del 10% de la población estadounidense.[16]

Mientras tanto, un estudio reciente del liderazgo cristiano en África, en donde más del 40% de los protestantes del mundo están ubicados ahora, registra esto como un punto principal extraído a través de un proyecto de investigación enorme: «La Biblia como la Palabra de Dios es importante en la vida de los cristianos africanos».[17] Esto es más impactante aun porque la autoridad de la Biblia, la perspectiva acerca

---

[15] Para las cifras de este párrafo, véase Todd M. Johnson, Gina A. Zurlo, Albert W. Hickman, y Peter F. Crossing, 'Christianity 2018: More African Christians and Counting Martyrs,' *International Bulletin of Missionary Research* 42/1 (January 2018) p. 21.

[16] Joseph Bottum, *An Anxious Age: The Post-Protestant Ethic and the Spirit of America* (Nueva York: Image, 2014), pp. 88, 90.

[17] Robert J. Priest y Kirimi Barine, eds., *African Christian Leadership: Realities, Opportunities, and Impact* (Maryknoll, NY: Orbis, 2017), p. 233.

de la Biblia y la importancia de la Biblia no parecen haber estado en la lista de puntos evaluados por los investigadores, quienes tenían una pregunta sobre la lectura de la Biblia en el cuestionario de cien preguntas que usaron como instrumento en su encuesta.[18] ¿Eran los elitistas encuestando a los populistas? Si la Biblia es tan importante, ¿no habría sido útil aprender sobre cómo su importancia se corrobora, qué formas toma, cómo se sostiene, dónde puede fracasar y cómo puede ser promovida, en primer lugar?

¿Hay alguna correlación entre continentes en donde el escepticismo o la relativa indiferencia hacia la Biblia en la educación teológica han sido dominantes y en donde las iglesias están colapsando y las tasas de bautismo están estancadas o cayendo? En la superficie esto obviamente cierto. Y con razón: la lectura elitista de la Biblia no está diseñada para fomentar una fe salvadora en el Jesús crucificado y resucitado, sino que frecuentemente asume la repugnancia del diagnóstico del evangelio sobre la condición humana y su remedio. La lectura populista, en contraste, la cual en en instituciones evangélicas de Occidente capta, pero se niega a afirmar la síntesis elitista, y en la cual en la mayor parte del mundo sabe poco de una hermenéutica elitista que niega la verdad de la religión que dice interpretar, puede ser bastante asociada con el más grande aumento en los números de añadiduras a iglesias alrededor del mundo en la historia hasta la fecha.

2. Definiciones: Populista y Elitista

2.1 *Populista*

Por populista en este libro me refiero básicamente a dos cosas:

(1) El cristianismo populista se refiere al movimiento cuya lectura de la Biblia (véanse nuevamente mis once puntos arriba) ha estado bajo ataque por académicos con tendencias secularistas desde por lo menos el siglo diecisiete. Nicholas Hardy en su libro *Criticism and Confession:*

---

[18] Ibid., pp. 241-78. La sola pregunta está en p. 272: ¿Cón qué frecuencia usted lee la Biblia? La respuesta «a diario» tuvieron estos porcentajes: en Angola, 60% diariamente y 27% semanalmente, en la República de África Central 59% diariamente y 20% semanalmente, en Kenia 64% diariamente y 26% semanalmente.

The Bible in the Seventeenth Century Republic of Letters[19] ha arrojado una nueva luz en cuando al aumento de este impulso, representado en ese siglo por Isaac Casaubon, Joseph Justus Scaliger, Hugo Grotius, Louis Cappel, Jean Le Clerc, y Richard Simon. En años recientes Ulrich Wilckens (n. 1928) y Klaus Berger (n. 1940) son dos renombrados eruditos del Nuevo Testamento dentro de la élite alemana quienes ahora tardíamente en sus carreras han expresado protestas contras sus pares. ¿Cuál es el punto de vista de esta élite desde el cual la perspectiva elitista es criticada o simplemente ignorada? Thomas Oden ha bien afirmado: «El punto en el cual el criticismo moderno se convirtió en activismo ideológico fue cuando no le permitió al escritor antiguo su propia cosmovisión, sino que más bien se juzgó tal cosmovisión desde una perspectiva que se asume absolutamente confiable, con formas científicas aplicadas a realidades espirituales».[20] Esta es la esencia de la posición elitista: un «nosotros» hegemónico de tiempos post-bíblicos, sea el siglo diecisiete o el veintiuno, desecha las afirmaciones de la Escritura que «nosotros consideramos» improbables o desagradables, y luego interpreta la Biblia a la luz de un punto de vista superior. Una lectura «populista» de la Escritura es una que continúa privilegiando la Escritura en lugar de este punto de vista superior.

(2) Más positivamente, el cristianismo populista que estoy definiendo se refiere a grupos que afirman las visiones de Dios, el mundo y la identidad y misión de la Iglesia más claramente a partir de la Biblia y respresentantes del cristianismo histórico. Los seminarios norteamericanos que afirman y sostienen declaraciones de fe como la Confesión de Westminster (reformados), la Confesión de Augsburg (luteranos), o la Fe y Mensaje Bautista (bautistas del sur) son populistas desde el punto de vista de mi definición. La misma visión esencial es afirmada recientemente, por ejemplo, en la declaración «Una confesión católica reformista – lo que nosotros, protestantes de diferentes iglesias y tradiciones teológicas decimos juntos».[21] Sus artículos de fe explicativos se exponen bajo estos doce encabezados: Dios trino, santa

---

[19] Oxford: Oxford University Press, 2017.
[20] Thomas C. Oden, *A Change of Heart: A Personal and Theological Memoir* (Downers Grove: IVP Academic, 2014), p. 166.
[21] https://reformingcatholicconfession.com/. Accesado el 29 de enero de 2019.

Escritura, naturaleza humana caída, Jesucristo, la obra expiatoria de Cristo, el evangelio, la persona y obra del Espíritu Santo, la Iglesia, el bautismo y la cena del Señor, vida santa y las últimas cosas.

Ha sido firmada por más de 1400 líderes de más de sesenta países.

O uno podría ver al Movimiento Lausanne. Su docuemnto central expuesto en 1974 es llamado el Pacto de Lausanne e inicia con estas palabras:

Nosotros, miembros de la Iglesia de Jesucristo, de más de 150 naciones, participantes del Congreso Internacional sobre Evangelización Mundial en Laussanne, alabamos a Dios por su gran salvación y nos regocijamos en la comunión que nos ha dado con él y entre nosotros. Estamos profundamente conmovidos por lo que Dios está haciendo en nuestro tiempo, movidos a arrepentirnos por nuestros fracasos y retados por la tarea no culminada de la evangelización. Creemos que el evangelio es la buena noticia de Dios para todo el mundo, y estamos determinados por su gracia a obedecer la comisión de Cristo de proclamarlo a toda la humanidad y a hacer discípulos a todas las naciones. Decidimos, por lo tanto, afirmar nuestra fe y nuestra resolución, y a hacer público este pacto.[22]

El inicio de los 1970, cuando el Movimiento Lausanne tomó forma con la motivación de líderes como Billy Grahan y John Stott, fue un período de tumulto en sociedades post-cristianas en incremento como los Estados Unidos. La revolución sexual estaba golpeando a su paso. Las demandas de divorcio se estaban convirtiendo en la ley de la tierra. El aborto había sido legalizado. La descomposición de la fibra moral cuyos resultados son tan visibles y lamentables hoy día tuvieron sus orígenes en esta era. Sin embargo, aunque los vientos del mal soplaban, semillas del resurgimiento del evangelio estaban siendo sembradas en la convocatoria de Lausanne con la representación de más de 150 naciones. En el Movimiento de Lausanne una visión elevada de la Escritura es y continúa siendo central. El segundo artículo del Pacto de Lausanne, después del primer artículo «Propósito de Dios», es titulado «La autoridad y el poder de la Biblia». El artículo reza:

---

[22] https://www.lausanne.org/content/covenant/lausanne-covenant. Accesado el 29 de enero de 2019.

Afirmamos la inspiración divina, veracidad y autoridad de las Escrituras de tanto el Antiguo como el Nuevo Testamento en su cabalidad, como la única Palabra de Dios escrita, sin error en todo lo que afirma, y es la única regla infalible de fe y práctica. Afirmamos también el poder de la Palabra de Dios para lograr su propósito de salvación. El mensaje de la Biblia está dirigido a toda la humanidad. Porque la revelación de Dios en Cristo y en la Escritura es inmutable. A través de ella el Espíritu Santo todavía habla hoy. Él ilumina las mentes de la gente de Dios en cada cultura para percibir su verdad frescamente a través de sus propios ojos y por lo tanto revelar a toda la Iglesia la multicolor sabiduría de Dios.[23]

Más adelante en la misma sección se hace énfasis en el enfoque multiétnico y la atracción de la Escritura cuando su mensaje es recibido de manera que surge la nueva vida en Cristo:

La inalterabilidad [de la Biblia] no es una uniformidad muerta, acartonada y sin color. Como el Espíritu Santo usó la personalidad y cultura de los escritores de su Palabra para transmitir a través de cada uno algo fresco y apropiado, así hoy ilumina las mentes de la gente de Dios en cada cultura para percibir frescamente su verdad a través de sus propios ojos. Es él quien abre los ojos de nuestros corazones (Ef. 1:17,18), y estos ojos y corazones pertenecen a jóvenes y viejos, latinos y anglosajones, africanos, asiáticos y americanos, hombres y mujeres, letrados e indoctos. Es este «magnífico e intricado mosaico de humanidad» (para tomar prestada una frase del Dr. Donald McGavran) que el Espíritu Santo usa para revelar de la Escritura la multicolor sabiduría de Dios (una traducción literal de Ef. 3:10). Por lo tanto, toda la Iglesia es necesaria para recibir la revelación completa de Dios en su belleza y riqueza (cf. Ef. 3:18 «con todos los santos»).[24]

En este libro, uso «populista» para referirme a los cientos de millones de cristianos alrededor del mundo cuyo entendimiento y activismo de la Biblia y su mensaje concuerdan con tales declaraciones. Los populistas van desde indoctos hasta los altamente entrenados – entre signatarios de «Una confesión católica reformista» están

---

[23] Ibid.
[24] https://www.lausanne.org/content/lop/lop-3. Accesado el 29 de enero de 2019.

presidentes de universidades y seminarios y profesores, pastores de todas las tendencias, filósofos como Alvin Plantinga, apologetas como William Lane Craig, e incluso otros mil cuatrocientos. Pero también encontré el mismo entendimiento de la Biblia y del mensaje cristiano entre gente que apenas lee o incluso creyentes analfabetas que han enseñando por muchos años en Sudán. He hallado a algunos norteamericanos con altos niveles de instrucción en diferentes ambientes. «Populista» es por lo tanto un término descriptivo apropiado para denotar una perspectiva común para las masas de individuos, independientemente de su nivel de aprendizaje, ubicación geográfica o estatus económico. En términos de teología del Nuevo Testamento, la comprensión populista afirmaría generalmente las lecturas del Nuevo Testamento mencionados anteriormente, halladas en los trabajos de Guthrie, Marshall, Theilman, Schreiner, Blomberg y otros. Pero la comprensión populista no pensaría suficiente simplemente para producir trabajos del Nuevo Testamento para consumo académico. Se requeriría de una respuesta personal al mensaje salvífico de la Biblia y la priorización de poner en práctica ese mensaje y llevarlo a aquellos que lo han resistido o que quizá no lo han escuchado aún.

2.2 Elitista

Por elitista me refiero a una tradición en aumento como resultado de la reforma, pero con semejanza ideológica a movimientos más iniciales como el gnosticismo y escépticismo pagano como el de Celso, quien rechazó la lectura populista como descrita arriba, la cual ha existido desde el primer siglo, y que ha tenido la tendencia a leer la Biblia a la luz de convicciones contrastante, y en ocasiones, hostiles.

La investigación de los valores elitistas ha partido de varios libros tardíos, aunque no bajo esa etiqueta. Escribí al respecto en un artículo de *Themelios* que apreció en 2014.[25] En ese tiempo escribí sobre libros de (1) Michael Legaspi, *The Death of Scripture and the Rise of Biblical Studies*,[26] (2) Ulrich Wilckens, *Kritik der Bibelkritik. Wie die Bibel*

---

[25] 'Bye-bye Bible? Progress Report on the Death of Scripture,' *Themelios* 39/3 (Noviembre 2014). Accessed at http://themelios.thegospelcoalition.org/article/bye-byebible-progress-report-on-the-death-of-scripture on January 26, 2018.
[26] Oxford: Oxford University Press, 2011.

wieder zur Heiligen Schrift werden kann,²⁷ y (3) Klaus Berger, *Die Bibelfälscher. Wie wir um die Wahrheit betrogen werden*.²⁸ Más estudios en este sentido han surgido desde este tiempo, de los cuales hablaré después, pero por ahora podemos citar a Wilckens para una caracterización medular de la perspectiva elitista. No es nueva o reciente; el libro de Nicholas Hardy, *Criticism and Confession*, describiendo el entonces ligero surgimiento novedoso de las lecturas escépticas de la Escritura en el siglo diecisiete, usa «élite» una docena de veces para describir una facción intelectual de esa era que rechazaba la interpretación eclesiástica y por consiguiente profundizaba presuntamente el conocimiento, porque se desligaba de las cadenas de la doctrina y autoridad bíblicas.²⁹ El libro de Hardy desafía estas perspectivas y en el transcurso de ello muestra los pies de barro y el sectarismo de estos intérpretes supuestamente más objetivos e ilustrados.

Pero para regresar a Wilckens, hay cinco convicciones fundamentales de los eruditos yendo atrás al ascenso de la hermenéutica elitista la cual Hardy ubica en el siglo diecisiete. Estas convicciones, él asevera, siguen en pie para un gran segmento de aquellos que trabajan en el campo de los estudios bíblicos hoy día:

(1) Los muchos milagros en la Biblia incluyendo esos obrados por Jesús son por lo menos discutibles y en la mayoría, sino en todos los casos, negados.
(2) Primordialmente entre los milagros que debe y haber sido negado es el de la resurrección de Jesús.
(3) El mismo criticismo implacable que aplica a la resurrección de Cristo aplica a la aseveración bíblica del poder salvador de la muerte de Cristo en lugar de los pecadores quienes pueden ser salvos al confiar en Él.
(4) Jesús era un maestro ético y moral, el más grande en la historia de la humanidad, a quien seguirle requiere el repudio de todas

---

[27] Neukirchen-Vluyn: Neukirchener Theologie, 2012.
[28] München: Pattloch, 2013.
[29] Hardy, *Criticism and Confession*, pp. I, 6, 16, 27, 28, 380, 401.

las normas morales basadas en la autoridad fuera de la individual.

(5) La Iglesia ya no es necesaria para el cristiano, y más importantemente, no hay nada vinculante acerca de sus doctrinas para la fe cristiana, nada normativo en sus directrices para la vida cristiana, y sus líderes no representan ninguna autoridad para los miembros de la Iglesia.

Wilckens publicó esta descripción de estas perspectivas elitistas en 2012. En 2017 publicó el volumen final de su teología del Nuevo Testamento de tres volúmenes.

El volumen uno consiste en cuatro subvolúmenes separados sobre la historia del cristianismo primitivo. El volumen dos consiste en dos subvolúmenes y traza la historia de varios temas teológicos a su origen fundacional y unidad en la realidad del acto salvador de Dios en la muerte expiatoria y la resurrección de Jesús. El volumen tres, sin embargo, extiende y expande su libro *Kritik der Bibelkritik*. Se llama *Historische Kritik der historisch-kritischen Exegese: Von der Aufklärung bis zur Gegenwart*.[30] En traducción: *Criticismo histórico de la exégesis histórico-crítica: desde la Ilustración al presente*. Como en su libro previo, pero en más profundidad e inspiración y con una visión más enfocada hacia la teología del Nuevo Testamento como subcampo académico, Wilckens traza la historia de la resistencia y los efectos desastrosos de la lectura bíblica con premisas elitistas. Su estudio culmina en una propuesta de siete puntos bajo el encabezado: «Comprensión histórico-crítica de la exégesis histórico crítica como presuposición para su renovación teológica». Hablaré más sobre eso después. Donde las reglas básicas como las identificadas por Wilckens están en efecto, abierta o encubiertamente, el resultado es lo que yo llamo interpretación elitista.

Antes de irme a un reciente y un tanto dramático ejemplo de ellos, aquí hay una descripción concisa y clara de la compresión populista y elitista de finales del siglo diecinueve. En el volumen 14 de *Encyclopedia of the Bible and Its Reception*,[31] Friederike Nüssel escribe

---

[30] Göttingen: Vandenhoeck & Ruprecht, 2017.
[31] Berlin/Boston: De Gruyter, 2017.

acerca del sistemático y erudito del Nuevo Testamento Martin Kähler (1835-1917). Kähler veía la teología de Schleiermacher como «una pieza virtuosa de arte doctrinal, pero sin fundamento bíblico» (col. 1221). Para desestimar a Schleiermacher señalado a Kähler como desfasado del incipiente desvío liberal de sus días, mientras que Albrecht Ritschl y luego Adolf Harnack (ambos siguiendo a Schleiermacher en aspectos importantes) se estaban convirtiendo en todo un furor. Harnack no creía en la resurrección, negaba el Credo de los Apóstoles, y llamó a la Iglesia a abandonar el Antiguo Testamento. Kähler, en contraste buscaba la construcción de una *Bibeltheologie* (teología basada en la Biblia) que reconociera «el poder salvador del testimonio escrito» existente «previo a la investigación exegética mediante métodos académicos aprobados» (ibid.) Para Kähler «la mayor tarea de la teología académica es «rastrear» esta eficacia en el curso de la historia (ibid). Muchos de quienes participaron en la Declaración de Barmen fueron estudiantes de Kähler, quienes reconocieron que «la Cristología... es fundamental para la soteriología» y que esa «misión es una tarea fundamental de la Iglesia» (col. 1222).

El enfoque de Kähler afirmando la verdad y poder de la Biblia previo al análisis académico, y su compromiso con el análisis académico abierto a una comprensión confesional en lugar de despreciarla, es un ejemplo distintivo de la lectura populista en el contexto de una universidad alemana, la cual estaba rápidamente moviéndose a una dirección elitista que se estaba haciendo necesario desafiar, junto con otros de su tiempo como Theodor Zahn (1838-1933), Hermann Cremer (1834-1903), y Adolf Schlatter (1852-1938).

3. Estudio de caso: Un debate escandinavo

La tensión que estoy resaltando entre dos enfoques de la Escritura está extendido en Occidente el día de hoy, pero generalmente tácito y detrás de escenas. A veces, sin embargo, sobresale a la superficie. Este es el caso de un intercambio hallado en el *Svensk Exegetisk Årsbok (Anuario Exegético Sueco), volumen 82, 2017*.

Primero hay un artículo por el erudito del Nuevo Testamento James A. Kelhoffer: «Presentaciones simplistas de la autoridad bíblicas y los orígenes cristianos en el servicio del dogma anti-católico: una respuesta a Anders Gerdmar».[32] Kelhoffer enseñó previamente enseñó en la StLouis University antes de su profesorado actual en la Uppsala University en Suecia.[33] Su artículo es un ataque de veinticinco hojas a un libro escrito en un nivel popular por otro erudito del Nuevo Testamento, un sueco llamado Anders Gerdmar.[34] Gerdmar responde a Kelhoffer con un trabajo de veintiún páginas titulado «El fin de la inocencia: sobre la libertad religiosa y académica y la intersubjetividad en el arte exegético—una respuesta a James Kelhoffer».[35] El intercambio concluyó con la respuesta de Kelhoffer a Gerdmar titulada «Una academia diversa no reconoce límites para la investigación crítica y el debate: una réplica a Ander Gerdmar».[36]

Un poco de historia es necesaria para entender este intercambio. Gerdmar no es solo un erudito sino también un pastor y predicador. Años atrás se convirtió de su crianza luterana liberal a una vívida fe carismática, la cual aun sostiene incondicionalmente. Hace unos años, un líder carismático sobresaliente en Suecia, llamado Ulf Eckman, se convirtió en católico romano. Como consecuencia de esto, una señora mayor le preguntó a Gerdmar un domingo en la mañana, «¿Necesito convertirme en católica para ser una cristiana verdadera?». Gerdmar escribió un artículo de blog como respuesta pastoral a esta pregunta, «Por qué nunca decidí convertirme al catolicismo romano». Recibió tanta atención que lo expandió a un libro en 2016 escrito en sueco. El título al que Gerdmar lo tradujo fue, La palabra de Dios es suficiente:

---

[32] *Svensk Exegetisk Årsbok* 82 (2017) pp. 154-78. Para este y los otros ensayos *Svensk Exegetisk Årsbok* a los que me refiero en este capítulo, quiero agradecer al Dr Kelhoffer quien amablemente me envió separatas. Lamento hallar que debo diferir en las posiciones que ha asuimido en el debate abajo.

[33] De entre las numerosas publicaciones de Kelhoffer, véase *The Diet of John the Baptist: Locusts and Wild Honey in Synoptic and Patristic Interpretation* (2005); *Persecution, Persuasion & Power: Readiness to Withstand Hardship As a Corroboration of Legitimacy in the New Testament* (2010); *Conceptions of 'Gospel' and Legitimacy in Early Christianity* (2014). Las tres son monografías en la serie Wissenschaftliche Untersuchungen zum Neuen Testament publicada por Mohr Siebeck, Tübingen, Alemania.

[34] Véase Anders Gerdmar, *Roots of Theological Anti-Semitism: German Biblical Interpretation and the Jews, from Herder and Semler to Kittel and Bultmann*, Studies in Jewish History and Culture 20 (Leiden/Boston: Brill, 2010); *Rethinking the Judaism-Hellenism Dichotomy: A Historiographical Case Study of 2 Peter and Jude*, Coniectanea Biblica, New Testament Series 36 (Stockholm: Almqvist & Wiksell, 2001).

[35] *Svensk Exegetisk Årsbok* 82 (2017) pp. 179-209.

[36] Ibid., pp. 210-22.

fe protestante versus la católica romana. Es este libro el que Kelhoffer somete a escrutinio abrasador. Abajo analizamos sus objeciones, bosquejamos la respuesta de Gerdmar y finalmente mostramos la réplica de Kelhoffer. El punto será observar los rasgos de la división elitista que existe en la teología neotestamentaria de hoy.

3.1 Una objeción universitaria a un libro parroquial

En su revisión altamente negativa Kelhoffer remarca las credenciales académicas impecables de Gerdmar (pp.154-5).[37] Gerdmar ha escrito dos monografías grandes en estudios del Nuevo Testamento (véase Trabajos citados al final de este libro) y con Kari Syreeni ha co-escrito libros de textos suecos ampliamente usados en el estudio académico del Nuevo Testamento.[38] Gerdmar pertenece a la Sociedad de Estudios del Nuevo Testamento y otras sociedades académicas. También es un profesor asociado en la Uppsala University.[39] No obstante, su libro afirmando la fe protestante en lugar de católica romana encendió el furor de Kelhoffer en numerosas ocasiones, de las cuales solo podemos aludir seis aquí. Pero esas serán suficientes para verificar cómo se ve el «elitismo» en la forma como lo estamos definiendo aquí.

Primero, el libro de Gerdmar afirma visiones pre-críticas que Kelhoffer argumenta haber sido abandonadas por los eruditos. Ya que Gerdmar «presenta sus argumentos como si estuvieran basados en una erudición sana y legitimizada por su propia posición académica», alguien como Kelhoffer necesita desafiar a Gerdmar. De lo contrario, las «visiones no críticas» que él expone «fomentan la construcción de un universo moral y religioso paralelo, desde cuyo punto de vista» gente como Gerdmar «puede lamentarse y atacar los resultados de la erudición no confesional» (pp. 155-6). Ya podemos notar aquí que la presunción aparente de Kelhoffer es que no hay otro punto de vista moral y religioso que el que él asume en representación de su departamento en la Uppsala

---

[37] Los numeros de páginas en esta sección se refieren a Kelhoffer's 'Simplistic Presentations of Biblical Authority and Christian Origins in the Service of Anti-Catholic Dogma: A Response to Anders Gerdmar' referido arriba.
[38] Anders Gerdmar con Kari Syreeni, *Vägar till Nya Testamentet. Tekniker, metoder och verktyg för nytestamentlig exegetik* (Lund: Studentlitteratur, 2006).
[39] http://www.andersgerdmar.com/curriculum-vitae/. Consultado el 29 de enero de 2019.

University, por lo menos desde el cual la perspectiva de la élite podría ser cuestionada.⁴⁰ Además, es incorrecto «lamentar y atacar» este punto de vista académico basándose en perspectivas que la Uppsala no respalda. La academia elitista es y debería ser inatacable, incluso por alguien como Gerdmar quien tiene credenciales académicas.

Segundo, Kelhoffer objeta que Gerdmar presenta mal lo importante que «la fe en toda la Palabra de Dios» es como «la base principal de la fe cristiana común» (p. 159). Gerdmar afirma que los católicos agregan a la Biblia a través de las tradiciones de las autoridades eclesiásticas y los liberales eliminan partes, ambos cargos que son ciertos con mucha frecuencia, en mi opinión. Pero Kelhoffer piensa que el descubrimiento importante de la diversidad interna irreducible de la Biblia, no la unidad, prueba que Gerdmar está equivocado (véase también p. 169 sobre *las enseñanzas* del Nuevo Testamento, plural, no *enseñanza*, singular, sobre pecado y gracia; para Kelhoffer las afirmaciones de las fuentes en estos temas son dispares y evidentemente irreconciliables). Kelhoffer apela al libro de James Barr *Fundamentalism* de hace cuarenta años y un artículo un poco más reciente por Nancy Ammerman (de hace unos veinticinco años) en apoyo (p. 159 n. 19), como si Barr y Ammerman probasen la visión de que la Biblia es la fuente de la unidad cristianas como falso. Kelhoffer añade que «la literatura bíblica dice pocas cosas preciosas sobre la fe en la palabra escrita» y que «Las enseñanzas de Jesús enfatizaban la centralidad de la fe en Dios» (pp. 159-60), afirmaciones que las obras de solo un erudito del Nuevo Testamento de otra era refutó minuciosamente: B.B. Warfield, cuyo legado en hallar el alto concepto de la Biblia afirmado por la Biblia y por Jesús continúa en numerosos trabajos recientes sobre la veracidad completa de la Biblia.⁴¹ Más aún, debería señalarse que si la Escritura es comunicación

---

⁴⁰ Kelhoffer se afirma más adelante en el debate que él no está sugiriendo la existencia de solo dos universos posibles y que Gerdmar malinterpreta ese punto. Pero lo entendí de la forma que Gerdmar lo hizo en mi primera lectura de la revisión de Kelhoffer y creo que es una representación justa de su posición la cual es claramente binaria (así o no) cuando se trata de su visión versus la de Gerdmar.

⁴¹ Sobre Warfield véase, e.g., Fred G. Zaspel, *The Theology of B. B. Warfield: A Systematic Summary* (Wheaton: Crossway, 2010). Para sus escritos sobre la Biblia incluyendo un grueso de recursos sobre Jesús y la palabra escrita, véase *The Works of Benjamin B. Warfield*, 10 vols. (New York: Oxford University Press, 1932), esp. vols. 1 (*Revelation and Inspiration*), 2 (*Biblical Doctrines*), 3 (*Christology and Criticism*), and 10 (*Critical Reviews*). Para solo tres de una docena o más relatos sustanciales recientes sobre la verdad y autoridad de la

personal dada por Dios (*theopneustos*; 2Tim. 3:16), no hay una gran distancia entre «fe en la palabra escrita» y «fe en Dios». Así como confiar en las palabras de Kelhoffer (o no) es creer en Kelhoffer y no en Gerdmar, tener fe en las escrituras puede ser sinónimo a tener fe en Dios y no en alternativas.

Asimismo, la declaración de Kelhoffer de que la Biblia dice poco sobre la fe en la Palabra escrita es desenfrenadamente discordante con la práctica de Jesús en los Evangelios, el testimonio de los Hechos y el uso de la mayoría de los textos del Nuevo Testamento en su frecuente referencia y dependencia de las Escrituras del Antiguo Testamento. Desde el inicio del primer siglo tenemos evidencia de la dependencia de la Iglesia primitiva de los textos del Nuevo Testamento, como no solamente vemos en 1Timoteo 5:18 (refirendose a Lucas 10:7) y 2Pedro 3:15 (refiriéndose a los escritos de Pablo), pero también en los escritos de figuras casi contemporáneas con los apóstoles como Clemente de Roma, Papías, Policarpo e Ignacio.

Tampoco se refiere Kelhoffer a la extensa erudición de John Woodbridge la cual muestra que, de hecho, la posición histórica de la Iglesia ha sido que toda la Escritura es inspirada por Dios y verdadera en lo que asevera, correctamente interpretada.[42] La inerrancia bíblica, ha mostrado repetidamente Woodbridge, siempre ha sido por lo menos un punto de unidad en el cristianismo occidental, y un punto en el que católicos y protestantes estuvieron de acuerdo en la reforma, aparte de la insistencia de Roma de que las enseñanzas de su Iglesia triunfan sobre la Escritura cuando entran en conflicto, el elemento clave que dio pie a la reforma. Así que, otra vez en este caso la objeción Kelhoffer está basada en la posición elitista que (1) nunca hubo una «fe en toda la

---

Escritura (muchos buscando conmemorar la reforma protestante) véase Peter A. Lillback y Richard B. Gaffin, Jr., *Thy Word Is Still Truth: Essential Writings on the Doctrine of Scripture from the Reformation to Today* (Phillipsburg, PA: P&R, 2013); D. A. Carson, ed., *The Enduring Authority of the Christian Scriptures* (Grand Rapids/Cambridge, U.K.: Eerdmans, 2016); y Craig Blomberg, *The Historical Reliability of the New Testament: Countering Challenges to Evangelical Christian Beliefs* (Nashville: B&H Academic, 2016).

[42] Véase, e.g., John D. Woodbridge, *Biblical Authority: A Critique of the Rogers/McKim Proposal* (Grand Rapids: Zondervan, 1982); idem, 'Evangelical Self-Identity and the Doctrine of Biblical Inerrancy,' en Andreas Köstenberger y Robert Yarbrough, eds., *Understanding the Times* (Wheaton: Crossway, 2010), pp. 104-38. Más recientemente véase Woodbridge, 'Sola Scriptura: Original Intent, Historical Development and Import for Christian Living,' *Presbyterion* 44/1 (Spring 2018) pp. 4-24.

Palabra de Dios» porque la academia ha mostrado que la Escritura es diversa y se contradice internamente desde el comienzo, y (2) literatura que demuestra lo contrario es irrelevante, ya que no concuerda con lo que la erudición afirma.

Bajo el mismo esquema Kelhoffer objeta la aseveración de Gerdmar de que una «hermenéutica descomplicada» permite el reconocimiento de la verdad de la Palabra de Dios (pp.160-1). Esto, por supuesto, una aplicación del principio de claridad de la Escritura, el cual dice que el mensaje salvífico de la Biblia es accesible a cualquier lector que busca. Pero Kelhoffer señala el libro académico de Gerdmar el cual explica hermenéutica en términos más matizados. No parecer considerar que Gerdmar podría estar hablando primero de leer la Biblia para fe salvífica, y luego leerla dentro de las normas básicas que prevalecen en un ambiente académico, en donde las cosas son más complicadas, como Gerdmar bien sabe.

Tercero, en cada ocasión Kelhoffer insiste en reforzar lo que él asume ser el consenso de la opinión crítica a la ley de la cual Gerdmar es súbdito. Gerdmar piensa que está escribiendo un libro pastoral encomendando la fe protestante: porque ignora la discusión crítica y los retos de la fe católica (como si la fe católica no desafiara a diario en todo el mundo a la fe protestante), Kelhoffer también atribuye a este libro una «agenda polémica». Gerdmar no les dice a sus lectores que la «mayoría de los eruditos bíblicos» optaron por una autoría no Paulina de Colosenses y Efesios «hace décadas», de acuerdo a Kelhoffer. Lo que Gerdmar debió haber hecho en su libro, al discrepar con el consenso de los críticos, es (1) «reconocer la existencia de la disensión entre colegas académicos», y (2) argumentar por su propia posición (p. 163). Pero dada la fe de Kelhoffer en el consenso de los críticos, es difícil imaginar qué argumentos pudo haber expuesto Gerdmar en un libro de enfoque popular elogiando el mensaje salvífico del evangelio que Kelhoffer hubiese considerado convincente.

Otras tres áreas, más brevemente, que Gerdmar infringe porque Kelhoffer afirma que los eruditos muestran que está equivocado: (1) El «reconocimiento temprano de un cánon de Escrirura del NT» (p. 162). (2) Gerdmar está desfasado del «consenso académico» sobre Marción y los gnósticos, y le da caricaturas acríticas de Ireneo y otras figuras de la patrística (p. 164). (3) Gerdmar asume como apostólicas no solo Efesios y Colosenses, las cuales no son de Pablo, sino 1-2 Tesalonicenses, 1-2 Timoteo, y Tito, las cuales no son de Pablo tampoco (p. 165). Kelhoffer declara, «1Pedro y 2Pedro aparentemente proviene de dos autores pseudoanónimos y no tienen conexión directa con el apóstol Pedro» (p. 165). Apela como respaldos a nombres muy bien conocidos en lo que yo he llamado la tradición elitista: Helmut Koester, John H. Elliott, Udo Schnelle, Bart Ehrman. No reconoce ninguno de los muchos eruditos que han argumentado contra el consenso elitista.

Kelhoffer registra un número de otras objeciones. Uno que debe haberse sentido particularmente mortificante fue la especulación condescendiente de Kelhoffer sobre cómo «en décadas subsecuentes a la crisis de G.[erdmar] como un joven estudiante de teología, debe haber desarrollado un erudito y una persona de fe si hubiese encontrado guianza adecuada de los remedios ofrecidos en el *Beyond Fundamentalism* de [James] Barr (p. 177). Habiendo sugerido que Gerdmar tiene limitaciones psicológicas, Kelhoffer utiliza como sustento un artículo de 1984 por David Parker en el que califica el fundamentalismo como un culto, relegando aparentementelas convicciones de Gerdmar a ese siniestro e inculto estatus.

En cualquier caso, Kelhoffer concluye, «La academia [nótese que solo hay una, y está por encima de todo lo que incluso un pastor cristiano académicamente calificado podría decir al instar una fe slavífica de la Biblia como él la ve por solicitud de un feligrés] tiene una responsabilidad de alzar la voz cuando sus credenciales están siendo acaparadas para la diseminación de tal desinformación» (p.178). Kelhoffer ha emitido el veredicto de la élite. ¿Hay alguna forma de que Gerdmar diga pío en defensa propia ante tal duro ataque?

3.2 Una respuesta populista a los escrúpulos elitistas[43]

La respuesta de Gerdmar es resumida tanto al principio como al final de su artículo titulado «El fin de la inocencia: sobre la libertad religiosa y

---

[43] Los números de páginas en esta sección se refieren a Gerdmar 'The End of Innocence: On Religious and Academic Freedom and Intersubjectivity in the Exegetical Craft – A Response to James Kelhoffer' mencionado arriba.

académica y la intersubjetividad en el arte exegético—una respuesta a James Kelhoffer». Al principio él enumera estos puntos (p. 179-80): (1) ¿Por qué una revista académica publica en inglés «una revision de un libro confesional y popular» escrito en sueco, para que los lectores solo puedan evaluar los alegatos de Kelhoffer contra el libro si ellos pueden leer sueco? (2) Kelhoffer aplica reglas académicas a un trabajo de instrucción pastoral y confesional, y al hacerlo «asume un rol que es confesional en lugar de erudito». (3) Gerdmar piensa que la academia debería estar abierta a muchos puntos de vista, «mientras que Kelhoffer parece favorecer que un consenso debe normar». (4) Kelhoffer asevera, pero no muestra que las perspectivas de Gerdmar en asuntos de erudición no tienen justificación erudita. (5) Kelhoffer, por sus «especulaciones sin base sobre [Gerdmar] y líderes cristianos que…respaldan el libro…levanta una pared entre su departamento en la Uppsala University y gran parte del critianismo sueco».

Asuntos particulares de la defensa de Gerdmar de su libro y de su comprensión hermenéutica y práctica son pormenorizados en este artículo y no pueden ser detallados aquí. Pero una parte de su respuesta subraya un aspecto central de la división populista-elitista que estamos examinando.

Kelhoffer advierte que el consejo de Gerdmar de confiar solo en la Palabra de Dios llevará a un «exceso de confianza entre aquellos que están convencidos que poseen un, o el, correcto entendimiento de la Biblia, confirmado por sus experiencias extásicas» (p. 202). Gerdmar replica que él no dice eso en su libro, sino que al contrario «todo tipo de profecía y fenómeno carismático similar está [sic] subordinado a la Palabra escrita de Dios». Además, acusa a Kelhoffner de un prejuicio desinformado contra lo que los misiólogos llaman la tradición de la cuarta Iglesia (es decir, los carismáticos, junto con los católicos romanos ortodoxos y los protestantes). Y Gerdmar señala que hay 250.000 carismáticos en Suecia con números en crecimiento, con solo 305.000 luteranos evangélicos e independientes en declive en ese país. Gerdmar concluye: «Instruir este movimiento en crecimiento en las áreas de exégesis y hermenéutica es una tarea importante, mientras que Kelhoffer sin sustento expresa su prejuicio sobre esta 'cuarta tradición' del cristianismo» (p. 203).

Es justo decir que Gerdmar da una razón considerable en su libro, su perspectiva, y su comprensión de que hay convicciones para intercambio académico, por un lado, y para comprensión confesional y práctica por otro. Él dice que no cree que es el problema de nadie en la Uppsala University lo que Gerdmar, o un católico romano, o cualquier otro «haga en la Iglesia», o si asisten a la iglesia en absoluto. Irónicamente cita palabras del discurso de instalación de Kelhoffer mismo en Uppsala (p. 209): «Una universidad no debería permitir la discriminación basada en confesiones religiosas u otros factores. Las oportunidades para estudiar y conducir investigación en teología y estudios religiosos deben estar abiertas no solo a luteranos liberales, católicos y agnósticos, sino también, de hecho, a todos los que valoran el estudio crítico y los métodos académicos de búsqueda». No obstante, como veremos en brevemente, Kelhoffer es firme en que Gerdmar ha traicionado el protocolo de la élite y se ha pasado al lado oscuro de la convicción pre-crítica.

Recuerdo un libro publicado hace unos veinte años por Daniel Patte, para entonces presidente de estudios religiosos en la Vanderbilt University. El libro se llamaba *Ethics of Biblical Interpretation*.[44] Patte sostenía la legitimidad de *cada* punto de vista hermenéutico al interpretar la Biblia—«feminista, womanista, mujerista, africamericano, hispano-americano, nativo-americano, y/o teológos de liberación y eruditos bíblicos del tercer mundo» (p. 115). Él llamó a tales, lecturas no-académicas o cuasi-académicas, fuera de las lecturas «ordinarias» del gremio y estableció que todas son bienvenidas, porque en un sentido incluso las lecturas del gremio también son «ordinarias». Todas las lecturas merecen un lugar en la mesa. Solo hay una excepción: «los fundamentalistas evangélicos» cuya «apelación a la autoridad del texto es una pantalla de humo que esconde una traición del texto» (p. 80). Los intérpretes del texto bíblico están en el derecho de pertenecer a cualquier orientación hermenéutica que deseen, excepto una. Irónicamente, la orientación prohibida se atiene a la visión de la Escritura y su mensaje que es dominante (fuera de las ataduras elitistas) en todo el mundo.

---

[44] Louisville: Westminster/John Knox, 1995. See my review in *JETS* 40/1 (March 1997) pp. 128-9.

3.3 Un final de Tom Petty[45]

¿Cuál es la respuesta de Kelhoffer a la defensa de Gerdmar? Básicamente esta: «No me voy a retractar»[46] No creo que Kelhoffer conceda un solo ápice de corrección o calificación a su ataque original. Pero creo que es posible resumir una consideración clave en su desacuerdo. Gerdmar dice que estamos lidiando con el choque de dos puntos de vistas defendibles. Él defiende su presentación confesional y pastoral de la evidencia bíblica en aras de presentar la comprensión protestante del mensaje bíblico del evangelio en contraste con la enseñanza católica. No le niega a Kelhoffer su punto de vista histórico-crítico. Él mismo es un participante de la academia que publica. Sí niega que el punto de vista de Kelhoffer esté libre sus propios conceptos dogmáticos. Operando en su competencia y llamado, tanto como un académico y un pastor, Gerdmar piensa que su libro, sus afirmaciones fácticas y sus objetivos expositivos y evangelísticos, además de ser consistentes con la convicción confesional histórica, no son tampoco una traición a la integridad académica. Mientras que Kelhoffer dice que está abierto a perspectivas múltiples, repite a Patte arriba al negarle a Gerdmar su perspectiva. Y aquí está la razón como lo dijo en su intercambio con Gerdmar: Kelhoffer considera inatacable «las ganancias de 200 años de criticismo histórico» (p. 216). Mientras que Kelhoffer niega que sostiene «una posición extremadamente jerárquica y positivista» (p. 217), probablemente pareciera que así es hacia Gerdmar cuando Kelhoffer apela a los últimos 200 años de criticismo histórico, el cual *ha* innegablemente sido «jerárquico y positivista», cuando Kelhoffer escribe:

> *Hay ciertas visiones que caen fuera del coro diverso de las voces eruditas que fervientemente participan en los debates académicos. Ninguna cantidad de escucha a otras voces incrementará la probabilidad de que el apóstol Pablo hubiese [Gerdmar asume en su libro], escrito una carta como Efesios (p. 217).*

---

[45] El número de páginas se refiere a Kelhoffer's 'A Diverse Academy Recognizes No Boundaries for Critical Inquiry and Debate: A Rejoinder to Anders Gerdmar' mencionado antes.

[46] Esas palabras eran el título de una canción lanzada en abril de 1989 como single del primer álbum en solitario de Tom Petty, *Full Moon Fever*.

Kelhoffer también rechaza incluso como discutible la posibilidad de que los textos del Nuevo Testamento fueron recibidos como Escritura en el primer siglo. Asimismo, rechaza como incluso discutible la posibilidad de un mensaje unificado, no diverso, de los textos del Nuevo Testamento.

En conclusión, estamos tratando con una lectura elitista del Nuevo Testamento y su mensaje. Kelhoffer dice que no es «ni confesional ni anti-confesional» cuando acusa al libro de Gerdmar de ser una violación a la erudición (p. 214). Kelhoffer, podríamos decir, ve ciertas verdades del cristicismo como reveladoras en estatus, el consenso del gremio elitista funcionando como el magisterio papal. Contra estas verdades ninguna objeción garantizada es posible. Gerdmar considera la Escritura como reveladora, tan empíricamente plausible, a pesar de los ataques montados contra ella por la erudición «crítica» occidental durante los últimos siglos pasados, y tan válida como dice para «enseñar, para reprender, para corregir, para instruir en justicia» (2 Tim. 3:16 LBLA), no porque es un anticuado o psicológicamente limitado o inético, como sugiere Kelhoffer, pero porque él piensa que el texto que interpreta, la fe cristiana histórica que informa su lectura, y la evidencia histórica arguíble toda justifica su lectura. También menciona la importancia de la hermenéutica de las masas de creyentes carismáticos suecos que creen en la Biblia, quienes se identifican con su enfoque interpretativo, como fue señalado arriba.

Hemos, ahora, presentado lo que prometió el título de ese capítulo: una descripción de la «perenne objeción "crítica" a una lectura "confesional" de la Escritura», usando los descriptores menos conocidos «populista» y «elitista». Esta objeción tiene varios cientos de años y persiste hoy día. Nuestro próximo capítulo rastreará dónde esta confrontación se está dando en la teología del Nuevo Testamento por lo menos en algunos sectores influyentes.

CAPÍTULO DOS

La perenne atracción a una interpretación neoalegórica: el regreso de Baur y Bultmann

1.Introducción: revisión y aclaratoria

El capítulo anterior se ocupó de la «perenne objeción "crítica" a una lectura confesional de la Escritura». Pero no seguí las historias estándares como aquellas de Stephen Neill y Tom Wright,[1] o Werner Georg Kümmel,[2] o William Baird[3]. Más bien tomé una ruta por puerta trasera, evitando lo que Stephen D. Moore e Yvonne Sherwood en su libro *The Invention of the Biblical Scholar* llaman «una historia tradicional de la erudición histórico-crítica».[4] Gentilmente se mofan de esa historia calificándola como «una saga etiológica en la cual los auténticamente maracadores de identidad 'históricos' y 'críticos' llegan en incrementos hasta que los rasgos en el retrato emergente han sido transformados en los propios nuestros».[5] En lugar de hablar de «histórico-crítico» o «crítico», empleé el término elitista, alternativo en el capítulo anterior y a su contraparte les llamo «populista».

---

[1] Stephen Neill y Tom Wright, *The Interpretation of the New Testament 1861–1986*, 2da ed. (Oxford: Oxford University Press, 1988).
[2] W. G. Kümmel, *The New Testament: The History of the Investigation of its Problems* (Nashville: Abingdon, 1972).
[3] William Baird, *History of New Testament Research*, volume 1: *From Deism to Tübingen;* volume two: *From Jonathan Edwards to Rudolf Bultmann;* volume 3: *From C. H. Dodd to H. D. Betz* (Minneapolis: Fortress, 1992–2013).
[4] Stephen D. Moore and Yvonne Sherwood, *The Invention of the Biblical Scholar: A Critical Manifesto* (Minneapolis: Fortress, 2011), x.
[5] Ibid.

Admitiré que «elitista» podría sentirse como polémico por aquellos que se identifican con sus convicciones, así como «populista» podría sentirse ofensivo. No estoy buscando hacer ninguna insinuación peyorativa. Los utilizo buscando ser lo más franco descriptivamente hablando, e incluso un poco empático con cada visión en cómo percibe al otro. Sin embargo, se presentarán algunos comentarios adicionales para aclarar.

1.1 Aclaremos «Elitista»

Los elitistas con seguridad admitirán que el interés oficial de su gremio en la Biblia tiene poco en común con el de ciento de millones de creyentes, muchos carismáticos, los cuales han corrido a las iglesias en las generaciones recientes afirmando a la Biblia y sus enseñanzas básicas de conformidad general con lo que Thomas Oden ha llamado «cristianismo consensual clásico»[6] El resentimiento de James Kelhoffer con Anders Gerdmar (capítulo anterior) ejemplifica la aversión de la élite académica a ver el agua pura de sus hallazgos y convicciones mezclada con el manchado aceite del cristianismo evangelístico y carismático. Es estándar en la historia que el estudio «crítico» de la Biblia surge con el rechazo ilustrado de la interpretación doctrinal de ella. Así que, ¿qué es la interpretación bíblica desde el punto de vista elitista? Esa pregunta tiene muchas respuestas. Pero una respuesta central se halla en *The Invention of the Biblical Scholar* de Moore y Sherwood. Aquí está su descripción de lo que es la «erudición bíblica del siglo veintiuno» es:

> *un subgénero crítico que ha tendido de forma aplastante a pensar en términos de la sobrevivencia continua de la disciplina y auto-sustentación mediante la innovación metodológica permanente, y que típicamente se traduce en activismo por esos nuevos métodos que parecen yacer de maneras más sólidas y seguras sobre los fundamentos establecidos por los métodos más viejos.*[7]

---

[6] Thomas C. Oden, *A Change of Heart: A Personal and Theological Memoir* (Downers Grove: IVP Academic, 2014), ejemplo, pp. 148, 150, 161 (combinado con «paleo-ortodoxia»), pp. 196, 304, 334.

[7] Moore and Sherwood, *Invention of the Biblical Scholar*, p. 131.

La perenne atracción a una interpretación neoalegórica: el regreso de Baur y Bultmann

El cristiano histórico, o lo que estoy llamando, con un ojo en las masas de creyentes nuevos y pobres, intérpretes «populistas», tienen una consideración muy diferente hacia la Biblia. Buscan entender, apropiarse, beneficiarse, esparcir, y en donde se necesite, defender el mensaje de la Biblia, no reinterpretar ese mensaje basados en una progresión sin fin de métodos auto-referenciales basados en escepticismo hacia ella.

En este momento, la respuesta elitista a la consideración populista hacia la Escritura en sus múltiples manifestaciones internacionales parece ser más comúnmente la desatención. La erudición bíblica está enfocada en desarrollar métodos nuevos basados en los viejos, no en ajustarse a la luz de la verdad cristológica viva que el cristianismo populista a través de continentes y culturas pretende extraer de la Biblia. Los populistas creen que Jesús es Señor, levantado de la tumba y está intercediendo a la derecha de Dios, de donde regresará a juzgar a los vivos y a los muertos, y que la interpretación bíblica debería incluir eso, ya que la Escritura fue dada por el Espíritu quien procede del Padre y del Hijo. Los intérpretes de la élite la mayoría de las veces parecen negar la relevancia de tal convicción en el contexto académico y, ya sea tácita o encubiertamente, suprimen la inclusión de tales aseveraciones tan vergonzosas, a pesar de que son claramente prominentes en los textos del Nuevo Testamento. Dado el alto nivel de entrenamiento académico de los eruditos «críticos», sus posiciones sociales en universidades y seminarios mundiales, el apoyo comercial, financiero, político y mediático del que gozan, y su compromiso no de interpretar la Biblia con afinidad hacia su mensaje como lo entiende el cristianismo popular, el término «elitista» es aporpiado.

1.2 Aclaremos «populista

También haremos una aclaratoria importante sobre el término «populista». En el peor de los casos, «populismo» podría referirse a manifestaciones del cristianismo que son ignorantes, conservadoras de formas culpabilizadoras, anti-intelectuales, manipuladoras e inmorales mediante complicidad con pecados como el racismo, el nacionalismo y el materialismo. Esa es una lista muy corta.

Permítame explicarme con referencia solo a los Estados Unidos. Mucha de la población evangélica de EEUU, de la forma como lo veo, está en peligro profundo por factores que crean tensión con los principios bíblicos y cristianos y las concesiones que ha hecho. El evangelicalismo estadounidense (el cual con su generalmente alto concepto de la Escritura tiene lazos cercanos por lo menos formalmente con la fe cristiana populista en otros continentes) necesita de la renovación de impulsos cristianos en otros continentes tanto como el elitismo. El estudio de Nathan Hatch *The Democratization of American Christianity* permanece como una valiosa mirada a un pasado cuyo legado todavía define el presente evangélico de muchas formas.[8] Estas formas incluyen, para nombrar solo cinco vastas áreas:

(1) desisterés en, acercándose a hostilidad hacia, sistemas teológicos históricos y «la teología» en general;
(2) anti-clericalismo que hace que la dirección y el cuidado de almas por parte de un ministro no solo sea rechazado, sino de mal gusto;
(3) una doctrina errada del sacerdocio del creyente que opaca la autoridad bíblica y eclesiástica y motiva un solipsismo religioso orgulloso;
(4) un analfabetismo bíblico en crecimiento, especialmente del Antiguo Testamento, que va a la par con una creciente indiferencia ética que se combina con la violación de los mandamientos y enseñanzas bíblicos de manera rutinaria incluso dentro de la Iglesia; y
(5) una transmutación del llamado a la cruz de Jesús a un sistema apoya la promoción del disfrute de permutaciones de algunos sueños seculares (por ejemplo, la vida, la libertad, la búsqueda de felicidad, todas estas cosas son definidas por la *polis* y no por la *ecclesia*). En los EEUU. la ecclesia con mucha frecuencia se convierte en una extensión de la *polis*—esto es visible en la actual sobre-posición de ideales políticos y religiosos en círculos del ala izquierda como la derecha.

---

[8] Nathan O. Hatch, *The Democratization of American Christianity* (New Haven and London: Yale University Press, 1989).

Pero no toda la población evangélica de EEUU se ha inclinado a Baal, y, de todos modos, ya desde 2018 cerca de un 41% de los protestantes del mundo están en África. Para el 2050, 53,1% de protestantes en el mundo estarán en África.[9] Esto no cuenta a los protestantes africanos que están en otros continentes. Por comparación, hoy solo 16% de los protestantes en el mundo se encuentran en Europa, y solo un 11% en Norteamérica. Asia tiene más que los dos en este momento: 18%. Para el 2050, Europa tendrá solo 10% de los protestantes del mundo, Norteamérica se reducirá a un 8%, y Asia se mantendrá más o menos estable en ese 17%.[10] La decadencia evangélica estadounidense no empaña automáticamente el 89% de protestantes del mundo que reside en otras partes.

1.3 Los «populistas» y sus desafíos

En este libro defino populista no primariamente con referencia al evangelicalismo estadounidense en decadencia, el cual existe y podría estar decreciendo en números y empeorando en carácter, sino al 70 porciento o mayor porcentaje mundial de los protestantes que están en Latinoamérica, África y Asia, y quienes en su mayoría afirman la verdad histórica y doctrinal de la Biblia. Estoy, en una palabra, acentuando la pregunta del difunto Lamin Sanneh, cuando admite, alojado desde «el margen»,[11] que es un musulmán africano convertido y no un verdadero teólogo o erudito bíblico. Critica la tradición de la teología occidental como «actividad domesticada de la mente».[12] Él dice «la exégesis estándar convierte la fe en un filibusterismo cultural».[13] Es difícil no pensar en la mención de Pablo de aquellos que «siempre están aprendiendo y nunca son capaces de llegar al conocimiento de la verdad» (2 Tim. 3:7). Sanneh pregunta cómo las élites occidentales (mi

---

[9] Las cifras son de Todd M. Johnson, Gina A. Zurlo, Albert W. Hickman, y Peter Crossing, 'Christianity 2017: Five Hundred Years of Protestant Christianity,' *International Bulletin of Missionary Research* 41/1 (Enero 2017) pp. 41-52.
[10] Ibid.
[11] Véase su reflexión autobiográfica reflection *Summoned from the Margin: Homecoming of an African* (Grand Rapids/Cambridge, U.K.: Eerdmans, 2012).
[12] Lamin Sanneh, *Whose Religion Is Christianity? The Gospel beyond the West* (Grand Rapids/Cambridge, U.K.: Eerdmans, 2003), p. 57f.
[13] Ibid., p. 59.

palabra no la de él, él habla de «europeos») «pueden continuar...estudiando y enseñando el cristianismo sin prestar atención a los ejemplos de cristianismo exitoso que se ha extendido más allá de sus fronteras en las sociedades post-coloniales».[14] Por supuesto él sabía la respuesta: solo miren alrededor.

Shanneh consideraba el cristianismo no solo como una entidad integrada en el sentido histórico de Oden, sino también como una entidad dramáticamente renovadora que está transformando continentes frente a nuestros ojos, pero que está siendo atrincherado por la élite teológica y exegética. Sanneh afirma: «el cristianismo es una religión mundial de reciente cuño con energía para renovar la Iglesia mientras esta se tambalea agotada por su pacto con el secularismo». ¡Un pacto con el secularismo! ¡Se tambalea exhausta, como un boxeador que retrocede hacia las cuerdas! No puedo pensar en una mejor descripción de la situación actual del elitismo que durante más de doscientos años ha abandonado una orientación teológica a favor de un punto de vista liberal idealista dirigido sobre todo por una oligarquía de pensadores alemanes post-cristianos importantes como Kant, Hegel, Schelling y Schleiermacher.[15] En Norteamérica a menudo escuchamos otros nombres claves—Marx, Freud, Nietzsche, Heidegger—y no solo alemanes: añadimos teóricos franceses como Derrida y Foucault. Mientras que las sociedades con ministros de la Iglesia formados en el pensamiento de la élite occidental han desmantelado sus otrora grandes iglesias estatales (en Europa) y las principales (en Norteamérica), los enjambres de subgrupos que predican al Jesús de la Biblia han electrificado, como indica Sanneh, la escena religiosa del mundo, a menudo desde la base social y económica.

Contrariamente a la hipótesis de la secularización, que postula que a medida que el mundo se vuelve más avanzado tecnológicamente, se volverá menos religioso, está ocurriendo lo opuesto. Como ha señalado Martin Marty, «cualquiera que tenga una visión global encontrará pruebas de que la hipótesis» de la secularización era un pronóstico equivocado en un mundo en el que *tanto* 'lo secular' *como* 'lo religioso'

---

[14] Ibid., p. 58.
[15] Gary Dorrien. *Kantian Reason and Hegelian Spirit: The Idealistic Logic of Modern Theology* (Chichester, West Sussex, Reino Unido: Wiley-Blackwell, 2012).

aumentan su poder. No es un 'mundo sin religión' y no se está convirtiendo en uno».[16] Marty identifica con acierto la tensión que examinamos acerca de la cual este libro llama la atención. Ha ocurrido algo dramático, expresado en este reciente título del libro: *The Unexpected Christian Century: The Reversal and Transformation of Global Christianity, 1900–2000*.[17]

2. Un desarrollo actual significativo: el regreso de Baur y Bultmann

Si mi corazonada está justificada, esa interpretación elitista del Nuevo Testamento personificada en la teología neo-testamentaria surgida desde F. C. Baur (y antes), y que culminó con Bultmann, merece una nueva evaluación a la luz de una oleada populista en el cristianismo mundial, el renovado interés de hoy por estas dos figuras fallecidas hace mucho tiempo ya, es sorprendente y un tanto desagradable. Veamos primero a Baur.

2. 1 Nuevo interés en F.C. Baur (1792-1860)

Quizás la historia clásica en inglés de la interpretación del Nuevo Testamento, con notable énfasis en su interpretación teológica, y en ese sentido la teología del Nuevo Testamento, es la brillante obra de Stephen Neill *The Interpretation of the New Testament 1861-1961*, que con la ayuda de Tom Wright fue actualizada en 1986.[18] Pocos pasajes de ese gran libro son más emotivos, o evidentes del ridículo si se es elitista, que el que describe el ascenso de F. C. Baur y la escuela de Tübingen[19]:

---

[16] Martin Marty, *Dietrich Bonhoeffer's* Letters and Papers from Prison*: A Biography* (Princeton y Oxford: Princeton University Press, 2011), p. 239 (mis cursivas).
[17] Escrito por Scott W. Sundquist (Grand Rapids: Baker Academic, 2015).
[18] Oxford: Oxford University Press, 1988
[19] Un movimiento intelectual centrado en la Univeridad de Tübingen ca. 1835–1860 y asociado primero que nada con Baur. Baur interpretaba el Nuevo Testamento basado en una doctrina panenteística de Dios. En su lectura, el Nuevo Testamento apunta a un ideario filosófico, no a la auto-revelación de Dios a través de Cristo de acuerdo a como establece la Escritura (cf. Rom. 1:2; 16:26). Una dinámica histórica medular para el desarrollo de este ideario fue la lucha interpersonal de los grupos cristianos primitivos. Un grupo judío (petrino)

> *Porque hay que reconocer que la amenaza presentada a la causa cristiana por la escuela de Tübingen era muy grave. Es, por supuesto, un hecho que nadie se salva por el mero hecho de creer que ciertos acontecimientos ocurrieron hace mucho tiempo. Pero de esta creencia ingenua a la afirmación sin más de que la idea es lo único que importa, que la auto-configuración histórica de la idea se mantendría incluso si se pudiera demostrar que ninguno de estos acontecimientos históricos, que que han sido considerados como la base de la fe cristiana, nunca han ocurrido en absoluto. Si la encarnación de Jesucristo es el gran acto de Dios en la historia, entonces mucho depende del alcance y la fiabilidad de nuestras pruebas históricas de lo que ocurrió.*[20]

En el relato muy inglés de Neill, el cristianismo victoriano de la década de 1860 cayó en el pánico ante la amenaza alemana. Pero no hay que temer: de un barrio inglés surgió la liberación.

> *Solo se podría encontrar una salida al pánico si se presentaban hombres que llevaran a cabo el trabajo de investigación crítica con un espíritu de completa intrepidez, con la disposición de enfrentar cada hecho y cada problema, de enfrentarlos menos limitados por presuposiciones que los representantes de las escuelas alemanas, y demostrar, sobre la base de un trabajo minuciosamente crítico, que las respuestas dadas a las preguntas críticas en Alemania entre 1830 y 1860 no eran las únicas respuestas compatibles con los hechos conocidos. La hora hizo que surgiera el hombre; en 1861 Joseph Barber Lightfoot fue nombrado para el profesorado hulseano de divinidad en Cambridge, teniendo entonces treinta y tres años de edad.*[21]

No menos dramático es el relato de Neill sobre cómo la erudición de Lightfoot, apoyada por los hallazgos igualmente decisivos del erudito alemán Theodor Zahn y la confirmación de Adolf Harnack, asestaron un golpe mortal a las teorías de Baur. Entre estas teorías se encontraban las afirmaciones de que (1) gran parte del Nuevo Testamento se escribió

---

que enfatizaba la consciencia mesiánica de Jesús estaba en conflicto con un grupo gentil (paulino) que se enfocaba en el idealismo ético y universalismo de Jesús.

[20] Neill, *The Interpretation of the New Testament 1861–1961*, p. 34.
[21] Ibid.

a mediados del segundo siglo o más tarde (2) la resurrección de Cristo nunca fue un hecho histórico real, sino una mera impresión mental que tuvo Saulo de Tarso; y (3) no tenemos acceso al escenario histórico de las enseñanzas de Jesús en los textos de los Evangelios; solo poseemos la reflexión subjetiva de escritores desconocidos. Yo añadiría que la hipótesis de Baur de que el partidismo judío-gentil, en forma de antagonismo petrino-paulino, es la dinámica histórica fundamental que explica el surgimiento del movimiento cristiano simplista e igualmente insostenible.

Así que de débil a no-existente es la base «histórica» real de la visión de Baur del Nuevo Testamento, de hecho, yo argumentaría que toda su reconstrucción califica para ser vista como alegoría. Me estoy refiriendo aquí a la observación de Richard Bauckham sobre la crítica de los Evangelios en su énfasis desde la década de 1960 en cómo «cada Evangelio aborda la situación específica de una comunidad cristiana concreta».[22] Esto ha llevado, afirma, al «desarrollo de lecturas más o menos alegóricas del Evangelio» basadas en las comunidades concebidas de forma imaginativa, lo que ha dado lugar a lo que «parece una especie de fantasía histórica».[23]

En palabras de Bauckham, «el principio de que los Evangelios no nos informan sobre Jesús, sino sobre la Iglesia, se toma tan literalmente que la narrativa, aparentemente sobre Jesús, tiene que ser entendida como una alegoría en la que la comunidad cuenta su propia historia».[24] Klyne Snodgrass ha argumentado recientemente en una línea similar contra J. P. Meier. En los cinco volúmenes magistrales de Meier *A Marginal Jew: Rethinking the Historical Jesus*, Meier argumenta que solo cuatro parábolas de las casi cuatro docenas que se encuentran en el Nuevo Testamento pueden remontarse a Jesús. La mayoría son creaciones de la Iglesia. Snodgrass responde con razón que la Iglesia primitiva no contaba parábolas.[25] Si Snodgrass tiene razón, el método de Meier, al igual que el de Baur, da como resultado una historiografía que se puede comparar con la alegoría.

---

[22] *The Gospel for All Christians* (Grand Rapids: Eerdmans, 1998), p. 19.
[23] Ibid., p. 20.
[24] Ibid.
[25] Klyne Snodgrass, 'Are the Parables Still the Bedrock of the Jesus Tradition?' *Journal of the Study of the Historical Jesus* 15/1 (2017), pp. 131-46.

Al igual que la crítica de los Evangelios a veces se desvía al poner en primer plano un escenario histórico imaginario y no verificable que va a contracorriente de las propias afirmaciones históricas de los Evangelios, así Baur basó su interpretación anti-teológica del Nuevo Testamento de los Evangelios, que no tuvieron una gran aceptación al principio y que, con el tiempo, han demostrado repetidamente tener una escasa justificación empírica. Por ello, en este capítulo he llamado a su enfoque, como al de Bultmann, neo-alegórico.

Entonces, ¿por qué estamos hablando de F. C. Baur en 2018? Neill nos ayuda aquí; él dice: «Una de las características curiosas de la teología alemana es que ningún fantasma es puesto [a descansar]. Un siglo después de su muerte, Baur sigue caminando por el mundo, y los ecos de sus ideas se encuentran en todo tipo de lugares»[26].

Esta afirmación de 1964[27] resulta ser cierta hoy en día. El año 2014 vio la aparición de una importante antología de quince ensayos sobre Baur bajo el título *Ferdinand Christian Baur and the History of Early Christianity*.[28] Una figura de su talla y efecto merece ser revisada cada pocas generaciones. Sin embargo, lo más sorprendente es la publicación en 2016 de la obra cumbre de la vida de Baur, *Lectures on New Testament Theology*.[29] Esta había sido precedida en 2014 por *History of the Christian Dogma* de Baur.[30] Robert Morgan, del Linacre College de Oxford, quien ha defendido a Baur por mucho tiempo ofrece esto en la sobrecubierta de la teología del Nuevo Testamento de Baur: «esta gran síntesis debería corregir algunos estereotipos rancios y dar el debido reconocimiento a un genio injustamente ignorado fuera de Alemania. Podría también contribuir al renacimiento de la teología crítica del Nuevo Testamento».

Los comentarios sobre esta antología de ensayos sobre Baur son de rigor. No exploraremos los detalles de *Lectures on New Testament*

---

[26] Neill and Wright, *Interpretation of the New Testament 1861-1986*, p. 62.

[27] El año en que apareció esta primera edición de *Interpretation of the New Testament 1861–1961*.

[28] Martin Bauspiess, Christof Landmesser, y David Lincicum, eds., *Ferdinand Christian Baur und die Geschichte des frühen Christentums*, Wissenschaftliche Untersuchungen zum Neuen Testament 333 (Tübingen: Mohr Siebeck, 2014).

[29] Ed. Peter C. Hodgson, trans. Robert F. Brown (Oxford: University Press, 2016). La edición alemana apareció en 1864.

[30] Ed. Peter C. Hodgson, trans. Robert F. Brown and Peter C. Hodgson (Oxford: University Press, 2016). La edición alemana apareció en 1858.

Theology de Baur, a las que he dedicado atención en otro lugar con detalle.[31]

2.2 *Exploration de la erudición actual de Baur*

El libro *Ferdinand Christian Baur and the History of Early Christianity* da testimonio de la sofisticación intelectual de las publicaciones de Baur, del prodigioso alcance de su aporte y de lo atrevido de muchas de sus estrategias, ya que escribió extensamente en las áreas de introducción y exégesis del Nuevo Testamento, la historia y la teología de la Iglesia primitiva y la historia del dogma. Pero el mismo libro atestigua el carácter inviable de su comprensión del Nuevo Testamento tanto (1) para los creyentes cristianos (porque reinterpretó tan radicalmente los documentos del Nuevo Testamento como para negar al cristianismo histórico cualquier fundamento empírico justificable en esos documentos) y (2) para otros eruditos que entonces detectaron y y ahora detectan muchas fallas en su enfoque y conclusiones.

Por ejemplo, Notger Slenzka destaca (p. 67) la interpretación de Baur de la Reforma como la afirmación de la individualidad radical («*Selbstverhältnis*»; lit. «relación con el yo»; cf. p. 66: «*Autonomie des Subjekts*») más que, por ejemplo, la afirmación de verdades teológicas, o la comprensión revolucionaria del significado de Romanos 1:17, de acuerdo con el testimonio de Lutero al respecto,[32] o la unión con Cristo bajo su señorío. Cualquiera de ellas es plausible, pero la libertad del yo para ser él mismo es seguramente anacrónica y errónea. La interpretación de Baur concuerda con su visión de la historia como la auto-realización de la idea de la libertad subjetiva universal. Pero tiene poco que ver con lo que se puede documentar en los escritos de los reformadores.[33]

---

[31] Véase mi *The Salvation Historical Fallacy?* (Leiden: Deo, 2004). [Lutero] lee el texto frente a él y va a donde va, aún cuando son areas difíciles y oscuras. Un ejemplo escondido en su manuscrito es la distinction entre «activo» y «pasivo» *iustitia*. Usando la traducción latina de Jerónimo, cita Romanos 4:8, donde Paul cita de los Salmos: ... (Bienaventurado el hombre a quien el Señor no le imputa su pecado/culpa).

[32] Véase Brian Cummings, 'Luther in the Berlinka,' *Times Literary Supplement*, Diciembre 12, 2017.

[33] Baur no fue el ultimo erudito que hizo maltrató tanto a Pablo como a los reformadores. Véase Stephen J. Chester, *Reading Paul with the Reformers: Reconciling Old and New*

Aquí hay un recordatorio de algo mucho más plausible sobre cómo la Reforma se puso en marcha. El historiador Brian Cummings estuvo recientemente leyendo las notas manuscritas de Lutero sobre Romanos escritas en 1515 y 1516, el año anterior a la publicación de las Noventa y Cinco Tesis. ¿Qué identifica él que está dirigiendo a Lutero? Es una historia fascinante:

> *Comienza con un nuevo título, Expositio psalmi. En el margen, añade, «Reuchlin». Para entender la lectura de Pablo de los Salmos, la lengua latina e incluso el griego de Pablo, ya no son suficientes; intercala una línea del gran erudito hebreo, Johannes Reuchlin. Lutero cita y luego subraya la interpretación de Reuchlin de la gramática del hebreo, letra por letra: ... (bienaventurado es el que es librado del pecado). El hebreo le hace ver algo que el griego no: que la construcción es gramaticalmente pasiva. El texto de Lutero se oscurece aquí con la interrupción de una reconsideración: hay tachaduras, adiciones sobre la línea, a veces segundas adiciones. Y luego, en un momento de claridad de escriba llegan las palabras: «sed per deum active et in se passive levatur» (es librado activamente por Dios y pasivamente en sí mismo). Palabra por palabra, esto es casi exactamente lo que escribió en el Prefacio de 1545 [a sus obras en latín]: la iustitia dei no es activa sino pasiva. Con algo de pasión y humor amargo, añade que los filósofos y los juristas se han equivocado. Por un momento desciende al alemán: "o Sawtheologen": vosotros escolásticos ignorantes. De nuevo, en 1545 repite que los filósofos han cometido un error de categoría. Pero la idea no proviene de las clases de filosofía en las escuelas de Erfurt, sino de la lectura, al observar cómo el hebreo, el griego y el latín significan cosas diferentes. La gramática hebrea cambió significativamente el curso de la historia europea.*[34]

El texto de la Escritura, y la mano de Dios salvando a un monje perdido, están en la raíz de la Reforma. Este es precisamente el tipo de perspectivas a las que estuvo enceguecido Baur, incluso si hubiera tenido acceso al manuscrito de Lutero.

Perspectives (Grand Rapids: Eerdmans, 2017); Robert Cara, *Cracking the Foundation of the New Perspective on Paul: Covenantal Nomism versus Reformed Covenantal Theology* (Fearn, Ross-shire, Reino Unido: Christian Focus/Mentor, 2017).

[34] Cummings, 'Luther in the Berlinka,' *Times Literary Supplement*, Diciembre 12, 2017.

Volviendo al reciente libro sobre Baur, un artículo perspicaz de Anders Gerdmar (que aparece en el capítulo anterior de este libro), «*Baur and the Creation of the Judaism-Hellenism Dichotomy*», rebate las tendencias casi hagiográficas en algunos de los capítulos del libro. Somete a Baur a un escrutinio en cuanto a su rol en la creación de una historiografía que resultó ser tan destructiva como cuestionable. Sugiere que gran parte de la perspectiva de Baur no solo tiene sus raíces en una «historiografía hegeliana», sino en un movimiento socio-político en Alemania y en el propio territorio alemán de Baur, Württemberg. Este movimiento «albergaba ideas nacionalistas, así como emancipadoras, pero también sueños de grandeza alemana y, por otro lado, opiniones negativas sobre la influencia judía en Alemania» (p. 124). Gerdmar muestra que los aspectos clave de los puntos de vista de Baur fueron proporcionados por su entorno social anti-judío y anti-católico, y no por la exégesis bíblica o su genio innato. El siguiente capítulo, de Volker Henning Drecoll, es menos crítico hacia Baur que Gerdmar, pero llega a plantear la interrogante sobre si la historiografía de Baur no promueve, sino que de hecho sacrifica su condición de «crítica» y socava el carácter histórico de la teología (p. 160).

Christof Landmesser analiza a Baur como intérprete de Pablo. Este completo y rico relato se centra en la exposición, pero no está exento de puntos de vista críticos, como el hecho de que Baur reste importancia a la escatología (p. 194). Los intérpretes paulinos hoy en día reconocen lo vital que era la comprensión de Pablo de las últimas cosas para todo lo que predicó y enseñó. Baur consideraba su tipo de crítica histórica no como una forma, sino como la *única* forma de «captar y conceptualizar el contenido real de los textos del NT y de la tradición cristiana» (p. 162). Aquí el elitismo absolutista de Baur se hace evidente.

Si Baur hubiera afirmado convicciones cristianas históricas, su dogmatismo hermenéutico sería objeto hoy día de un fuego fulminante, pero su lealtad a las convicciones liberales, todavía populares entre eruditos le hacen ganar defensa y alabanza, como demuestra el capítulo de Robert Morgan «*Baur's New Testament Theology*». Morgan expone críticas ocasionales (por ejemplo, p. 268: «Baur subestimó la importancia del Antiguo Testamento para la fe y la teología cristianas», una forma muy moderada de expresarlo). Disecciona brillantemente las diferencias entre Baur, la convicción cristiana confesional y las «teologías del modernismo tardío y el post-modernismo» que están en el ambiente hoy, por lo que su ensayo es uno de los platos fuertes del libro. Sin embargo, su simpatía fundamental por la ruptura de Baur con el cristianismo sobrenatural (que Baur afirmó en sus primeros estudios; p. 292) es clara.

Menos claro es lo que dice Morgan sobre la «creencia ortodoxa de Baur en la importancia de Jesús para el cristianismo" (p. 277). En realidad, como señala Stefan Alkier sobre Baur «la lógica binaria de una comprensión sin fisuras de la realidad gobernada por la causa y el efecto» degrada «los milagros del Nuevo Testamento, incluido el milagro de la resurrección de Jesús» a la ficción (p. 308). Un Jesús no resucitado, así como un Jesús humano, pero no divino, puede ser de importancia para una religión, pero no para el cristianismo confesional histórico.

Podemos agradecer la aparición de un libro que actualiza la comprensión de hoy día a los conceptos de Baur. Muchos coinciden, como afirma James Carleton Paget en su ensayo «*The Reception of Baur in Britian*», que «el estudio de los orígenes cristianos después de Baur no es más que una serie de notas a pie de página correctivas» (p. 337). Baur ha afectado claramente la interpretación del Nuevo Testamento y merece ser respetado. Sin embargo, desde el punto de vista cristiano, también debe ser reconocido como un intérprete de élite heterodoxo que ha hecho mucho para normalizar y legitimar una interpretación académica del Nuevo Testamento que es alegórica, a menos que aceptemos su veredicto negativo en asuntos como los milagros, la encarnación, la resurrección, y muchas otras cosas que son centrales para una confesión cristiana sólida.

Su argumento masivo y elaborado, pero poco convincente, a favor de la autoría no paulina de las cartas pastorales es un caso microcósmico.[35] En este ensayo de 150 páginas publicado en 1835, Baur deconstruye la autoría paulina de Timoteo y Tito e interpreta que describen hechos del segundo siglo. 1Timoteo 2, por ejemplo, Baur lo

---

[35] F. C. Baur, *Die sogenannten Pastoralbriefe des Apostels Paulus aus neue kritisch untersucht* (Stuttgart y Tübingen: J. G. Cotta, 1835). Rpt. 2006 por Adamant Media Corporation en la serie Elibron Classics.

interpreta como una respuesta pseudopaulina a Marción, es decir, como algo que surgió alrededor del año 140 d.C.[36] Concluye ridiculizando como una fabricación engañosa la afirmación histórica cristiana de la autoría de las pastorales de Pablo, la autoría de las dos cartas canónicas de Pedro, y todo el escenario de la historicidad de los Hechos seguido por un segundo encarcelamiento romano y luego las ejecuciones de Pablo y Pedro bajo Nerón, tal y como atestiguan las fuentes post-apostólicas.[37] Esto significa que Baur borra de la era apostólica casi todas las cartas apostólicas consideradas como testigos de las circunstancias anteriores al año 70 y las convierte más bien en testimonios de su elaborada historia alternativa de luchas que se extiende hasta casi el año 200 d.C. de la que imagina dan testimonio los textos del Nuevo Testamento. Si parece escandaloso que califique a Baur de alegorizador, es justo señalar que fue él quien primero hizo esa acusación contra más de dieciocho siglos de comprensión cristiana de sus Escrituras y de sus orígenes históricos y apostólicos.

Cabe destacar las respectivas esperanzas celestiales que atestigua la lápida de F. C. Baur cuando se contrasta con la lápida de un igualmente brillante y prolífico erudito del Nuevo Testamento que consideraba los textos bíblicos como tempranos y auténticos.[38] La primera lápida, la de Baur, no da ninguna sugerencia de identidad cristiana o esperanza celestial, a menos que el título del difunto fuera *Dr. Theologiae*.

La segunda, la de Adolf Schlatter, llama al observador a los temas medulares del cristianismo y a las Escrituras. El versículo bíblico de la cruz es de Juan 7:37 de la traducción de Lutero: *Wen da dürstet, der komme zu mir und trinke!* Los lectores de la Biblia en español lo conocen de esta forma: «Si alguno tiene sed, que venga a que venga a mí y beba».

Profundizar en la teología del Nuevo Testamento recién traducida por Baur es un proyecto para otro día. Durante mis estudios de doctorado, luché con ella en su forma alemana durante muchos meses y, en cierto modo, aprendí alemán al leerla. Mi evaluación, en gran

---

[36] Ibid., pp. 40-2.
[37] Ibid., p. 144.
[38] Estoy en deuda con el Dr Patrick Egan (en la foto al lado de la lápida de Schlatter) por las fotos.

medida negativa, se encuentra en mi libro *The Salvation Historical Fallacy?*[39] Pero pasemos ahora a una de los más famosas, aunque indirectamente, heredero idológico e Baur.

2.3 Un nuevo interés en Rudolf Bultmann

Un artículo de 2017 de Charles W. Hedrick, basado en su libro de 2014 *The Wisdom of Jesus*, hace sonar un tema elitista muy escuchado de que la fe de muchas sino la mayoría de las iglesias cristianas no están arraigadas en Jesús o en sus enseñanzas.[40] Los dichos atribuidos a Jesús en los Evangelios no son suyos, sino que fueron inventados por profetas que hablaron en su nombre generaciones después. El Jesús real no es el Jesús en el que se cree y del que se habla en los Hechos y en las cartas del Nuevo Testamento. La Iglesia es una institución social que no fue concebida por Jesús, y la ética radical de Jesús es sustituida en el Nuevo Testamento por los insípidos códigos domésticos grecorromanos. Para resumir la posición de Hedrick, lo cito: «Jesús, el hombre histórico, era

---

[39] Véase especialmente el capítulo 1.
[40] Charles Hedrick, «The Church's Gospel and the Idiom of Jesus» *The Fourth R* 30/4 (2017) pp. 3-7, 26.

simplemente un supuesto para la fe de la Iglesia. A juzgar por sus credos, todo lo que la Iglesia necesitaba de Jesús era que naciera y muriera. Sus enseñanzas y hechos no eran de ningún interés. La fe de la Iglesia no se basa realmente en Jesús. ...»[41]

Si algo de esto le resulta familiar, quizá sea porque la primera frase de *Theology of the New Testament* de Rudolf Bultmann dice: «El mensaje de Jesús es un supuesto para la teología del Nuevo Testamento en lugar de una teología como tal».[42] De hecho, el nombre de Bultmann aparece en el primer párrafo de la obra de Hedrick, y todos los puntos de Hedrick reflejan las convicciones, afirmaciones y perspectivas de Bultmann.

Bultmann está ampliamente considerado como el erudito más importante del Nuevo Testamento desde la Ilustración. Sus puntos de vista, tal como los reafirma Hedrick en 2017, articulan el veredicto elitista sobre un libro y una fe entendida de manera muy diferente por el cristianismo populista. Señalemos algunos lugares en los que Bultmann, muerto hace tiempo y durante un par de décadas relegado al olvido en muchos sectores, ahora está volviendo a aparecer y sirve de nueva inspiración para las visiones elitistas.

En primer lugar, los bautistas del sur merecen su parte de crédito aquí. El difunto Morris Ashcraft (1923-2011), teólogo del *Southeastern Seminary* que dimitió como decano en 1987 cuando los fideicomisarios conservadores forzaron la renuncia del presidente W. Randall Lolly y llamaron a la facultad a regresar a la verdad de la Biblia[43] , publicó un libro sobre Bultmann en 1972 en la serie 1972 en la serie *Makers of the Modern Theological Mind*. Recuerdo haber leído el libro a principios de los años 80, cuando Bultmann era uno de los principales objetivos de mis estudios de doctorales. No utilicé el libro porque no encontré ninguna interacción crítica con Bultmann, solo la exposición de sus escritos, que no necesitaba porque estaba leyendo a Bultmann y elogios a sus puntos de vista, que me parecieron inexplicables dado el rechazo de Bultmann al cristianismo histórico.

---

[41] Ibid., p. 26.
[42] Rudolf Bultmann, *Theology of the New Testament*, trans. Kendrick Grobel (Nueva York: Charles Scribner's Sons, 1951), 1:3.
[43] Véase «2 Resign Baptist Seminary in a Theology Dispute», *New York Times*, Octubre 24, 1987.

El libro de Ashcraft fue reeditado en 2016 por Hendrickson. Aparentemente hay un nuevo mercado para la defensa de las ideas de Bultmann. Esto se confirma por una serie de publicaciones, de las que mencionaré solo un rastro. Una es del filósofo de religión Tim Labron, *Bultmann Unlocked*, aparecido en 2011.[44] Este libro intenta una recuperación positiva de Bultmann al leerlo con la ayuda de Derrida y Wittgenstein. Sin embargo, rechaza desacertadamente a los pares de Bultmann, muchos de los cuales criticaron rigurosa y devastadoramente un buen número de sus publicaciones y afirmaciones.[45]

Un gran impulso para interés actual por Bultmann es la aparición de una biografía completa de Bultmann. Publicada por primera vez en alemán en 2009,[46] apareció en inglés en 2012.[47] El libro está bien documentado y es voluminoso, pero es escaso en cuanto al análisis crítico. Se podría argumentar que una biografía no se presta para la crítica. Pero una de las razones principales por las que Bultmann es importante, es su éxito en la entronización de una lectura del Nuevo Testamento que rechaza abiertamente todas las afirmaciones materiales trascendentes del texto en cuanto a la presencia personal y activa de un Dios conocible en el mundo (por ejemplo, los milagros, incluida la resurrección de Jesús). Bultmann tuvo un gran efecto en la destrucción de la confianza en los evangelios en las universidades alemanas.

Por ejemplo, cuando Bultmann comenzó su cátedra en Marburg en 1921, su colega Rudolf Otto defendió la autenticidad de todos los relatos sinópticos de los milagros (p. 130). Menos de una década después, Bultmann había publicado su libro *Jesus and the Word* en el que mostraba escepticismo extremo sobre el Nuevo Testamento y nuestro conocimiento de Jesús. En la vida de Bultmann, y hasta cierto punto por su influencia, la confianza en la historicidad de los evangelios por parte de los profesores bíblicos alemanes se redujo drásticamente, con efectos en todo el espectro de la interpretación del Nuevo Testamento, y con

---

[44] London: T&T Clark, 2011.

[45] Nótese mi revision en *Themelios* 39/3 (Noviembre 2014).

[46] Konrad Hammann, *Rudolf Bultmann – Eine Biographie* (Tübingen: Mohr Siebeck, 2009). Observaciones sobre este libro arriba expuestas en mi revisión en *Bulletin of Biblical Research* 20/1 (2010) pp. 142-4. Los rangos de numeros de página en esta sección se refieren a la versión alemana de la biografía de Hammann.

[47] *Rudolf Bultmann: A Biography*, trans. Philip E. Devenish (Salem, OR: Polebridge, 2012).

resonancia en otras disciplinas como la teología, así como repercusiones en todo el mundo donde la influencia teológica alemana se sentía.

Hammann no hace mucho más que relatar el rechazo personal de Bultmann a la fe cristiana histórica desde una edad temprana (pp. 10-11), siguiendo los pasos de su padre pastor, que bajo la influencia de Ernst Troeltsch (p. 4) pasó de una postura bíblica y confesional al liberalismo. (La madre de Bultmann, sin embargo, se mantuvo fiel al cristianismo histórico: pp. 4-6). Como estudiante en Berlín, Bultmann se quejó en una carta sobre las clases dogmáticas de Julius Kaftan: «Qué basura de términos como 'revelación', 'Trinidad', 'milagro', 'atributos de Dios'—¡es espantoso!» (p. 23). El cambio radical en el estado de ánimo cultural que tuvo lugar en la época de Bultmann, desde la viabilidad intelectual de una covicción cristiana arraigada en un credo a su virtual destierro de la convicción cognitiva profesoral es una parte más importante de la biografía de Bultmann de lo que este estudio reconoce.

Un rasgo central de su existencia profesional fue el rechazo de su hermenéutica y sus consecuencias por parte de cualquier número de sus pares eruditos, igualmente competentes y brillantes. Sin embargo, nombres como los de sus colegas eruditos del Nuevo Testamento Oscar Cullmann y Leonhard Goppelt (que en una reunión sinodal en Hannover en 1954 declararon que un candidato ministerial que sostuviera el punto de vista de Bultmann no podía tomar en buena conciencia los votos de ordenación luteranos[48]) ni siquiera aparecen en el índice. La tendencia es la de convertir a Bultmann en un león y trivializar las objeciones cristianas a sus propuestas. Hammann sí reconoce la cuestión central (p. 422-3): «¿En qué relación podría y debería el cristianismo protestante entenderse a sí mismo frente a la convicción secular actual, marcada definitivamente por la Ilustración?». Pero las únicas respuestas que se dan son las de Bultmann. Hammann hace que todos los disidentes suenen como anti-intelectuales en una cacería de brujas mal informada. Sin duda, algunos lo eran, pero muchos no. De las más de doscientas monografías enumeradas en la bibliografía (pp. 520-7), solo seis están

---

[48] Véase Goppelt, 'Die Authorität der Heiligen Schrift und die Bibelkritik,' in *Wort Gottes und Bekenntnis*, Sonderdruck zur Rüstzeit der 15. ordentlichen Landessynode in Loccum (Pattensen 1954).

en inglés, y ninguna es fundamentalmente crítica con Bultmann. Se podrían haber citado muchas.

Tras esta biografía, Hammann publicó en 2016 una colección de once de sus ensayos como el libro *Rudolf Bultmann and His Time*.[49] Esto documenta el interés y la influencia constantes de Bultmann. Mientras que Hammann afirma que para Bultmann «el diálogo académico con eruditos extranjeros era un componente indispensable de su existencia teológica» (p. 13), de los cientos de referencias a eruditos y a la erudición en el índice de nombres en el libro, solo hay tres referencias a eruditos de habla inglesa: Arthur Darby Nock (inglés), James M. Robinson y E. P. Sanders (ambos estadounidenses) reciben una mención cada uno. Es como si no existiera erudición en inglés sobre Bultmann. Hammann hace referencia al importante estudio de Anders Gerdmar *Roots of Theological Anti-Semitism. German Biblical Interpretation and the Jews, from Herder to Semler and from Kittel to Bultmann* (2009), pero solo para despreciarlo y en una nota a pie de página (pp. 53 n. 65; véase también 75 n. 198).[50] No hay ninguna referencia a Gerdmar en el índice. El hecho es que mientras Bultmann de hecho recibía un buen grado de elogios y renombre en el extranjero, su interacción sustancial con la erudición contemporánea no alemana fue insignificante.

Un aporte ambicioso de este volumen yace en su profundización sobre numerosos puntos delicados, importantes con frecuencia, y siempre interesantes, relacionados con las experiencias, perspectiva y contribución de Bultmann. ¿De dónde obtuvo la idea Bultmann de buscar información en el prólogo del Cuarto Evangelio de los escritos mandeos (muy posteriores)? Del erudito del Antiguo Testamento, Hermann Gunkel (pp. 20-1). ¿Qué editorial rechazó al principio el primer libro de Bultmann, *Die Geschichte der synoptischen Tradition*? El editor de Göttingen, Gustav Ruprecht (pp. 25-6). ¿Qué palabras o dichos de Jesús consideraba Bultmann más probables de ser auténticos? Véase los setenta y seis pasajes incluidos en una carta de Bultmann a Gunkel, quien le había pedido a Bultmann sus cuarenta dichos

---

[49] *Rudolf Bultmann und seine Zeit: Biographische und theologische Konstellationen* (Tübingen: Mohr Siebeck, 2016). Los rangos de numeros de página en los dos párrafos se refieren a su trabajo.

[50] Leiden: Brill, 2010.

probablemente más auténticos (pp. 35-40). ¿Cuándo rechazó Bultmann la fe cristiana histórica, como la que poseía su madre, una fe que afirma creencias «ortodoxas» como «la confianza personal en la obra milagrosa delsalvador» (p. 4)? Esto probablemente tuvo lugar en conjunción con (1) su exposición al pensamiento moderno en la escuela secundaria y (2) el cambio de su padre pastor, que pasó de las convicciones confesionales a las liberales (ibíd.).

Cabe mencionar otra obra alemana importante, bastante nueva: Christof Landmesser, ed., *Bultmann Handbuch*.[51] Al aparecer en la serie «*Handbücher Theologie*» de Mohr Siebeck, que comenzó en 2008 y que también ofrece volúmenes sobre Calvino, Atanasio, Pablo, Barth, Tomás de Aquino, Lutero, Jesús y Schleiermacher, vemos que Bultmann aparece ahora en el Monte Rushmore de esta editorial con otros nueve rostros, entre ellos el de Jesús.

Esta herramienta académica y de homenaje no está exenta de críticas a su tema. Thomas Dörken-Kucharz critica a Bultmann por su concepto defectuoso, idealista y burgués de la cultura que ya se rechazaba en las universidades en la década de 1920. Sin embargo, Bultmann se aferró a ella (p. 172). Mientras que Martin Bauspieß parece defender a Bultmann de la acusación de ahistoricidad en su teología (págs. 322-3), al menos reconoce objeciones contundentes de Oscar Cullmann, Wolfhart Pannenberg y Heinrich Ott. Ulrich H. J. Körtner muestra que la teología de Bultmann *era*, en última instancia, ahistórica: reduce la verdad del kerigma simplemente a la subjetividad del individuo. Körtner observa: «La base para la afirmación de esta verdad sigue siendo circular en el marco de la teología [de Bultmann] de la palabra de Dios» (p. 367). A pesar de estas y otras muchas críticas a Bultmann, la conclusión general es que las numerosas debilidades de Bultmann a la luz de la investigación posterior no ponen en duda su contribución a «una relevancia teológica y existencial para la teología exegética». Por el contrario, «la obra de Bultmann... sigue siendo un modelo ejemplar» (p. 453). Parece que podemos esperar una influencia continuada y quizás creciente de Bultmann en la interpretación y teología alemana del Nuevo Testamento.

---

[51] Handbücher Theologie (Tübingen: Mohr Siebeck, 2017). Los rangos de numeros de página en el párrafo siguiente se refieren a su trabajo.

Este criterio es confirmado por el teólogo alemán del Nuevo Testamento Peter Stuhlmacher. Al evaluar el trabajo de su vida en teología bíblica en Tübingen University, recuerda la sinergia entre su trabajo y el de colegas como Harmut Gese, Otto Betz, Martin Hengel, Gert Jeremias y Otfried Hofius.[52] Pero lamenta que la actual facultad de Tübingen no continúe en esta dirección, sino que «vuelva de nuevo a las perspectivas de la escuela de Bultmann».[53]

En la actualidad, una de las principales voces que impulsan a Bultmann en el ámbito de la lengua inglesa es David W. Congdon *The Mission of Demythologizing: Rudolf Bultmann's Dialectical Theology*,[54] y *The God Who Saves: A Dogmatic Sketch*.[55] El primero concluye que Bultmann y la teología dialéctica de la que Congdon deriva su obra son los medios para desmitificar *todo* en la teología, incluido Dios, y por tanto comprender el verdadero mensaje cristiano. En el segundo libro Congdon da su testimonio de haber pasado de ser un estudiante del Wheaton College (IL) hace unos quince años a ser ahora un ardiente universalista.[56] No existe el infierno.[57] Todo el mundo en todos los tiempos se salvará, y esta verdad se justifica desde la teología dialéctica de Bultmann. Congdon afirma que esta teología dialéctica es «exegéticamente basada y existencialmente preocupada» y por tanto es, «la comprensión de una teología genuinamente *evangélica*».[58] Concluye su enorme *The Mission of Demythologizing* con estas palabras: «Aunque muchos consideran su obra como una reliquia del siglo pasado incapaz de hablar a la Iglesia en la actualidad, tal vez el día de Bultmann esté aún por llegar.[59] Si los puntos de vista de Congdon tienen futuro, también lo tienen los de Bultmann, ya que Congdon se apoya sustancialmente en su síntesis.

---

[52] Peter Stuhlmacher, 'Die Tübinger Biblische Theologie des Neuen Testaments – ein Rückblick,' *Theologische Beiträge* 48 (2017) pp. 76-91.

[53] Daniel Bailey, 'Translator's Preface,' in Peter Stuhlmacher, *Biblical Theology of the New Testament* (Grand Rapids: Baker, 2018), xvii n. 9.

[54] Minneapolis: Fortress, 2015.

[55] Eugene, OR: Cascade, 2016.

[56] La declaración de fe de Wheaton College afirma: «CREEMOS en la resurrección corporal de los justos e injustos, el castigo eterno del injusto, la bienaventuranza eterna del salvo». Véase https://www.wheaton.edu/about-wheaton/statement-of-faith-and-educational-purpose/, accessed June 29, 2018.

[57] *The God Who Saves*, p. 263.

[58] Ibid., xviii n. 7.

[59] *Mission of Demythologizing*, p. 836.

3. Conclusión

En este capítulo hemos revisado y refinado las definiciones de elitista y populista, términos importantes en el tema general de este libro. También hemos documentado y descrito la atracción perenne a lo que he llamado interpretación neo-alegórica, hallada en dos de los intérpretes «elitistas» más influyentes de los últimos dos siglos, F. C. Baur y Rudolf Bultmann. Su enfoque de la interpretación del Nuevo Testamento, a pesar del veredicto negativo de sus convicciones sobre el cristianismo histórico, parece estar ganando un ímpetu fresco al tiempo que la expansión populista exige un replanteamiento de la hegemonía elitista. ¿Es posible un acercamiento entre estas dos vertientes dispares? Ese será, en parte, el tema del próximo capítulo.

Para concluir este capítulo, recurro de nuevo a Ulrich Wilckens, un erudito mencionado en el primer capítulo, que en los últimos tiempos se ha volcado en la teología neotestamentaria alemana y ha escrito dos libros que la critican. Baur y Bultmann se encuentran en su punto de mira. Para que las observaciones anteriores no parezcan demasiado negativas y pesimistas, he aquí una extracción de sus objeciones y una indicación de un antídoto para los fallos de Baur y Bultmann.

En cuanto a Baur,[60] Wilckens cuestiona su cacareado compromiso «puramente histórico». En opinión de Wilckens, Baur simplemente excluye a priori todos los aspectos teológicos de los textos del Nuevo Testamento. Lo que queda no es lo que dice el texto, sino lo que a juicio de Baur fue el efecto que intentaba producir el escritor. Baur llamó a esto *Tendenz*, que puede entenderse como el motivo oculto, el sesgo o la agenda del escritor. Interpretar un libro del Nuevo Testamento de manera que se revele su *Tendenz*, después de que se haya dejado de lado su significado simple, era una parte de la interpretación «histórica» de Baur.

La segunda parte fue su compromiso con la idea subyacente que estaba en la raíz del desarrollo del cristianismo y que sale a relucir en los documentos relacionados con su surgimiento. Aquí Baur se basó en la dialéctica de Hegel, en la que la historia puede ser entendida como

---

[60] Los próximos dos párrafos extraídos de Wilckens, *Historische Kritik der historisch-kritischen Exegese*, pp. 248-9.

tesis, antítesis y síntesis, cuya síntesis sirve de tesis a una interacción posterior.

Tanto los intérpretes conservadores como los llamados críticos de la época de Baur se opusieron a su burda imposición de la filosofía idealista en la historia y la teología del Nuevo Testamento.[61] Esto alcanza su punto máximo en su obra final, Lectures on the *New Testamente Theology*. Baur elogia el Sermón de la Montaña como la esencia de lo que trajo Jesús. En antítesis al judaísmo, Jesús expuso el imperativo categórico de Kant. Jesús no era el Mesías, sino que vino a recomendar la disposición puramente ética del amor al prójimo en lugar del egocentrismo pecaminoso.[62]

Es difícil imaginar un enfoque menos fácil de usar para una lectura cristiana de las Escrituras, pero el veredicto de Wilckens sobre Bultmann es más pesimista. Aunque le da crédito en lo que puede, al final lo agrupa con Barth y señala que en Alemania la consideración de su teología dialéctica llegó a un punto muerto hace más de una generación[63]. Wilckens sitúa su debilidad en el fracaso de la teología en general de representar a Dios como algo más que una abstracción. Comenta que todos los teólogos pretenden señalar a Dios de alguna manera, pero con Barth lo que te queda como mucho es la idea de lo divino como «lo completamente otro», y con Bultmann «la palabra de Dios en el kerigma». Se lamenta Wilckens: «La realidad teológica de lo que ambos presentan sigue siendo, en el fondo, una mera afirmación. No es de extrañar que el efecto sea tan insignificante en la gente de nuestro tiempo».[64]

Lo que Wilckens pide es el valor de volver a la confesión de Cristo crucificado y resucitado, en relación con tomar en serio como realidad histórica «Dios en lo maravilloso [*Wunderbarkeit*] de su accionar»[65]. Nuestro próximo capítulo explorará las formas en que el testimonio populista podría guiarnos en esa dirección.

---

[61] Ibid., pp. 254-5.
[62] Ibid., p. 257.
[63] Ibid., p. 343.
[64] Ibid., p. 344. Alguien quien evaluó igualmente de forma pesimista a Bultmann y Barth desde una perspective (sueco) alemana años anteriores fue Klaus Bockmühl, *The Unreal God of Modern Theology: Bultmann, Barth, and the Theology of Atheism* (Colorado Springs, CO: Helmers & Howard Publishers, 1988).
[65] Ibid.

CAPÍTULO TRES

¿Es el acercamiento[1] posible... o incluso relevante?

1. Revisión y el estatus quo

En el primer capítulo llamé la atención sobre las incómodas relaciones entre lo que he llamado la comprensión populista de la Escritura, por un lado, y elitista, por otro. ¿Por qué es esto un problema?

    Es un problema porque habitamos un mundo en el que durante más de dos siglos un subgrupo asociado a la iglesia protestante occidental ha asumido y afirma tener el control del significado de la Biblia (como lo ejemplifica la respuesta de James Kelhoffer a Anders Gerdmar descrita en el primer capítulo), promulgando una comprensión escéptica de su historia y mensaje, y ejerciendo una profunda influencia en la formación pastoral y en la percepción cultural de la verdad de la Biblia, no solo en Occidente sino en todo el mundo. Mientras iglesias que adoptan alguna versión de esta hermenéutica del escepticismo han disminuido en número de miembros, son cada vez más cómplices de un orden social que denigra el cristianismo pre-Ilustración y se correlaciona hoy en día y apoya prácticas como el aborto y la inmoralidad sexual, Dios ha estado salvando a decenas de millones de personas en todo el mundo que han creído el mensaje salvador que en la comprensión elitista es inválido, al menos para personas cultas entre las que ellos están.

    Observo que el erudito alemán del Nuevo Testamento Jörg Frey ha admitido que el paradigma clásico occidental «histórico-crítico» no tiene la misma autoridad hermenéutica vinculante «en otros contextos culturales», por lo que en esos contextos «otros enfoques pueden

---

[1] Se define como el establecimiento o la reanudación de relaciones armoniosas.

considerarse en mayor o menor medida legítimos».² Sin embargo, llama a esos enfoques «*dezidiert nicht historisch[e] Ansätz[e]*» («categóricamente no históricos»). ¿Cómo lo sabe? ¿Los ha examinado a todos? La razón más probable por la que puede hacer esa amplia generalización es que quizá asume correctamente que no son «el» enfoque que la élite autoriza llamado *historisch-kritisch* por quienes lo consideran normativo. Frey usa el término correctamente cuando habla de «*Spannung*» aquí—«tensión».

Me pareció oportuno explorar esta tensión, lo que hice particularmente mediante el comentario del intercambio (en el primer capítulo) entre dos intérpretes bíblicos de Suecia en lados opuestos de la cuestión, porque los intérpretes de la Escritura se ven afectados por ambos mundos. Para todos los interesados es importante ser conscientes de las lealtades últimas y de las garantías que reclamamos para ellas.

En el segundo capítulo, tras definir con más detalle los rasgos del populismo y del elitismo, examiné el resurgimiento del interés por F. C. Baur y Rudolf Bultmann, que se encuentran entre los parangones más venerados e influyentes del método y la perspectiva elitista en el campo de la teología del Nuevo Testamento, con efectos mucho más allá. Este resurgimiento sugiere que al menos algunos en la hegemonía elitista son más propensos a extraer modelos del pasado, que muchos consideran fallidos, que a reconsiderar la visión de Dios que, según Ulrich Wilckens, se ha deteriorado durante varias generaciones, con resultados desventurados para la teología del Nuevo Testamento.

Esto nos lleva al presente capítulo: «¿Es posible el acercamiento... o incluso relevante?». La respuesta a la primera parte, sobre si es posible el acercamiento, es fácil desde el punto de vista elitista: ¡no! Ya vimos en el primer capítulo que, al menos en el debate Kelhoffer-Gerdmar, existe un núcleo de convicción gremial consensuado fuera del cual la interpretación intelectualmente responsable de la Biblia es despreciada a menos que se ajuste a lo que los últimos doscientos años de crítica han establecido. Gerdmar descubrió esto al publicar su libro argumentando a favor de una interpretación protestante o evangélica de las Escrituras

---

² Jörg Frey, *Von Jesus zur neutestamentlichen Theologie: Kleine Schriften II*, ed. B. Schliesser, Wissenschaftliche Untersuchungen zum Neuen Testament 368 (Tübingen: Mohr Siebeck, 2016), 52 n. 108.

y de la salvación en contraste con la creencia católica romana. Indiqué, además, en el capítulo dos, basándome en la exégesis y el razonamiento elitista, que no hay lugar para la comprensión histórica consensuada de las Escritura en la herencia de Baur-Bultmann. David Congdon lo ha puesto de manifiesto al exponer su síntesis de Barth y Bultmann para confirmar la eliminación de la existencia del infierno,[3] indicando su duda de algo de lo que el Jesús canónico parecía estar terriblemente seguro. También elimina la creencia en una vida posterior consciente en general,[4] basándose en Barth y Eberhard Jüngel.

Quiero profundizar un poco más aquí. Al tiempo que se basa en Barth y Jüngel, Congdon admite que la gente quiere la seguridad de la vida en el más allá. Escribe que «los ministros del evangelio deben evitar afirmar que veremos a nuestros seres queridos en el cielo».[5] La idea de que Jesús va a preparar un lugar para sus seguidores (Juan 14:3), que esté con ellos hoy mismo en el Paraíso (Lucas 23:43) o comiendo juntos «en el banquete del reino de Dios» (Lucas 14:15), o en las palabras del viejo himno «cuando todos lleguemos al cielo cantaremos y gritaremos la victoria»[6]—todas estas nociones provienen, argumenta Congdon, de una etapa individualista en la evolución de la conciencia social humana que, según la concepción elitista, ya hemos superado.

Las palabras del salmista: «Yo soy pacífico; pero cuando hablo ellos me hacen la guerra». (Salmo 120:7) parecen aplicarse al cristiano que quiere mantener nociones como la resurrección corporal de Jesucristo, su regreso en juicio y gloria, y la reunión del pueblo de Dios con Él para una de vida personal y social consciente en y para el Dios Trino. ¡No mientras el elitismo sea el guardian! «Es hora de que los teólogos aborden directa y honestamente estas cuestiones», dice Congdon. La lectura de Congdon a Bultmann (a Barth, Ebeling, Gollwitzer y Jüngel),[7] es que el acercamiento a la fe que los populistas afirman fue entregado una vez por todas a los santos (Judas 3) ha quedado sustituido por actualizaciones irreconocibles como bíblicas o cristianas según los estándares históricos consensuados.

---

[3] *The God Who Saves*, p. 263.
[4] Ibid., pp. 262-74.
[5] Ibid., p. 274.
[6] *Baptist Hymnal* (Nashville: Convention Press, 1975), p. 491.
[7] Congdon, *The God Who Saves*, xviii.

2. La cosecha y esperanza populista

Tengo la esperanza y el convencimiento de que estamos a punto de llegar a un momento en el que la cosecha populista que ha visto añadir a cientos de millones de miembros a la Iglesia se traducirá en frutos en forma de reclamación de la hermenéutica bíblica para Cristo y su reino en partes del mundo donde la interpretación elitista ha ganado una influencia indebida. Creo que algo salió mal cuando las iglesias de Europa occidental y, gradualmente, de Nortemérica pusieron lo que se ha convertido en la síntesis elitista por encima de la exégesis bíblica y la reflexión teológica, y luego impusieron los resultados en el entrenamiento ministerial. Las secuelas están a la vista en el naufragio del protestantismo en Norteamérica[8] y los catastróficos resultados sociales no solo para las iglesias, sino para toda una nación, tal y como se recoge, por ejemplo, en el importante libro de Joseph Bottum *An Anxious Age*.[9]

Los conservadores teológicos en un lugar como los EEUU no tienen nada sobre qué alardear, porque nuestras iglesias y nuestro ethos han tendido a establecerse en el laberinto secular occidental en el que nos movemos en busca de tierra firme. Tenemos tanta necesidad de arrepentimiento y transfusión espiritual del auge cristiano mundial, como los elitistas. Según Gregory A. Wills, tan recientemente como a finales de la década de 1980 el presidente del Southern Baptist Seminary principal y «la mayoría de los líderes moderados» de la denominación bautista del sur (el mayor grupo protestante de Estados Unidos) «creían que un erudito inerrantista era un oxímoron, una imposibilidad práctica ya que personas inteligentes y letradas no podían racionalmente creer en la inerrancia».[10] Sin embargo, la inerrancia era y sigue siendo el punto de vista de las Escrituras sostenido por la mayor parte de la Iglesia a lo largo de la mayor parte de su historia. Sí, dije que todavía lo es: Lo explicaré debajo. Es un signo del malestar elitista que infecta la

---

[8] La literatura es vasta. Para un lamento de las direcciones presbiterianas liberales de una generación atrás, véase John H. Leith, *Crisis in the Church: The Plight of Theological Education* (Louisville: Westminster John Knox, 1997). See also Thomas Oden, *Requiem: A Lament in Three Movements* (Nashville: Abingdon, 1995).

[9] Nueva York: Image, 2014.

[10] Gregory A. Wills, *Southern Baptist Seminary 1859-2009* (Oxford: Oxford University Press, 2009), p. 478.

convicción evangélica occidental que la autoridad de las Escrituras ha sido combatida en sus propias filas durante los últimos cien años, que se remontan a otros cien años en algunos círculos.

Pero puede haber una manera de detener el descenso. Así que voy a enumerar algunas razones por las que hay esperanza para un enfoque populista de la Escritura, de la fe cristiana y de la vida práctica para aquellos que tienen la sabiduría y la voluntad de ver más allá de las pretensiones elitistas y del populismo decadente sobre el que he llamado la atención en repetidas ocasiones, especialmente en estas costas estadounidenses.

2.1 Participación académica continua y creciente

Hay esperanza para un enfoque populista de las Escrituras, la fe cristiana y la vida práctica, en primer lugar por la participación académica evangélica ya en marcha. La Iglesia siempre ha florecido, cuando lo ha hecho, con la ayuda de exégetas y teólogos de talla mundial. Líderes bien formados e intelectualmente capaces fueron utilizados por Dios para dirigir la Iglesia durante sus primeros 1800 años y desde entonces, y es una tergiversación elitista insinuar, como suelen hacer las historias de la interpretación, que nadie pensó realmente de forma crítica hasta que el escepticismo de la Ilustración sobre las afirmaciones de la verdad bíblica se introdujo sigilosamente y desplazó la exégesis tradicional, el razonamiento teológico, el liderazgo eclesiástico y, finalmente, la formación ministerial. Aunque hay mucho que lamentar en el evangelicalismo occidental a todos los niveles, también hay mucho que reconocer, y eso incluye su significativa inyección de una voz cristiana en los círculos académicos y gremios de todo el mundo. La obra de Carl F. H. Henry Center de la Trinity Evangelical Divinity School tiene esta declaración publicada en su sitio web:

> *El movimiento evangélico está en su mejor momento cuando resiste la tentación del aislacionismo eclesial o intelectual y, en cambio, se compromete activamente tanto con el mundo cristiano en general como con los problemas intelectuales a los que se enfrenta la Iglesia.*

> *Es este tipo de evangelicalismo el que Henry defendió, y es este ethos que el Henry Center ha tratado de preservar y promover.*[11]

El Henry Center, la Trinity Evangelical Divinity School y otras instituciones similares de enseñanza superior alrededor de todo el mundo realizan y patrocinan erudición que contribuye con la sustentación de sus miembros creyentes en la Biblia y que resulta en propuestas publicadas que representan un punto de vista cristiano histórico en lugares sociales donde las convicciones elitistas son a menudo la norma. En este sentido, la respuesta a la pregunta de este capítulo de si es posible el acercamiento, es que sí, porque existe cierto vínculo fraternal y de concurrencia entre ambos.

Si usted lee *National Geographic*, estará acostumbrado a artículos y acotaciones que no siempre son amigables con las convicciones cristianas. Pero gracias a la postura y laboriosidad de la erudición evangélica, en el número de diciembre de 2017 un artículo titulado «La búsqueda del verdadero Jesús» fue en realidad bastante equilibrado. La reportera, Kristen Romey, no se refiere a populista y elitista con esos términos, pero es lo que observaba al escribir:

> *Los eruditos que estudian a Jesús se dividen en dos campos opuestos separados por una línea muy clara: los que creen que el Jesús creador de maravillas de los evangelios es el verdadero Jesús, y los que piensan que el verdadero Jesús—el hombre que inspiró el mito—se esconde bajo la superficie de los evangelios y debe ser revelado por la investigación histórica y el análisis literario. Ambos campos reclaman a la arqueología como su aliada, lo que ha dado lugar a algunos debates revoltosos y a extrañas combinaciones.*[12]

Más adelante cita una fuent bautista:

> *... la información obtenida en las excavaciones de Galilea ha provocado un cambio en la opinión de los expertos, dice Craig Evans, profesor de los orígenes cristianos en la Escuela de Pensamiento*

---

[11] http://henrycenter.tiu.edu/2018/01/a-modern-creature-introducing-a-conversation/. Accesado el 29 de enero de 2019.

[12] Kristen Romey, 'The Search for the Real Jesus,' *National Geographic*, Dic. 2017 (232/6) p. 43.

Cristiano de la Houston Baptist University. «Gracias a la arqueología, se ha producido un gran cambio de pensamiento: de Jesús el helenista cosmopolita a Jesús el judío observante»[13].

En muchos lugares se encuentran eruditos evangélicos integrados en discusiones que proceden de bajo auspicios elitistas—pienso no solo en lugares como *National Geographic*, sino en las sesiones de las reuniones nacionales de la SBL o de la AAR donde los evangélicos están generalmente en la minoría pero hacen contribuciones.

O tomemos la *Encyclopedia of the Bible and Its Reception*. En su volumen 14 sobre Jesús (cols. 1-7), recurriendo a eruditos de línea evangélica como Craig Evans, Scot McKnight y Stanley Porter, Tom Holmén adopta una interpretación más populista que escéptica de las evidencias: «la imagen que las fuentes pintan de Jesús se mantiene en general en el blanco» (col. 1). Holmén señala para terminar que «donde la visión erudita [es decir, elitista] de Jesús se separa más claramente de la fe cristiana tradicional [es decir, populista] es en la interpretación del resultado de la obra de Jesús» (col. 6). La «visión erudita» dudaría de la resurrección, mientras que «los seguidores de Jesús se convencieron» de ella. La reivindicación de Jesús por parte de Dios y su vida continuada «extiende su importancia desde el primer siglo hasta nuestro tiempo y más allá» (col. 7). En la visión elitista la resurrección es una antigua afirmación de una imposibilidad científica y, como tal, no tiene importancia en nuestro tiempo, excepto quizás como un continuo desafortuno de una fe ciega, como lo plantea la perspectiva desmitificadora de Bultmann.

O simplemente abra un número reciente de la revista llamada *New Testament Abstracts*.[14] En las páginas 390-391 hay un aviso sobre un artículo de Patrick Schreiner en *Currents in Biblical Research*, por Stanley E. Porter y Andrew Pitts en *Journal for the Study of the Historical Jesus*, y Elizabeth Y. Sung en *Ex Auditu*. Patrick Schreiner hizo su MDiv y doctorado en el Southern Baptist Theological Seminary. Porter y Pitts están asociados al McMaster Divinity College de Canadá, una facultad evangélica con raíces bautistas. Sung es una erudita

---

[13] Ibid., p. 60.
[14] *New Testament Abstracts* 61/3 (2017).

evangélica que se formó con Kevin Vanhoozer en la Trinity Evangelical Divinity School y fue profesora allí durante algunos años.

Hay esperanza para que un enfoque populista de las Escrituras, como he estado definiéndolo, influencie la enseñanza superior y la convicción en todo el mundo, porque generaciones recientes han visto el aumento de un alto nivel de erudición evangélica que siempre se ha resistido a la aplicación sin supervisión de tendencias y exigencias elitistas. Si estas filas evangélicas occidentales pueden seguir creciendo en número, sofisticación y conexión positiva con el floreciente cristianismo mundial, y si las iglesias evangélicas occidentales pueden encontrar la renovación, pues la necesitamos, las perspectivas de un populismo redentor informado por altos niveles de erudición se verán reforzadas.

2. 2. Tenacidad de la convicción populista incluso hasta la muerte

Un segundo motivo de esperanza para un enfoque populista de la Escritura, la fe cristiana y la vida práctica radica en la fidelidad hasta la muerte que Dios a veces pide y concede a los que están en las filas populistas. En lugar de redefinir o evaporar la esperanza cristiana, como tiende a hacer el escepticismo elitista, el enfoque populista es vivirla a pesar de los desincentivos, decir sí totalmente a la invitación de Jesús cuando «dijo a todos: 'Si alguien quiere venir en pos de mí, que se niegue a sí mismo y tome su cruz cada día y sígame'» (Lucas 9:23). ¿Qué significa esto? ¿Cómo se ve esto? Una foto puede llamar la atención. Fue tomada en la tumba del recinto de un hospital, donde los dos fallecidos habían pedido ser enterrados, en caso de que murieran en su servicio misionero diario a tiempo completo en el extranjero:[15]

---

[15] Estoy en deuda por esta foto con mi gran viejo amigo Glen Land, quien estuvo en este lugar no mucho después del tiroteo.

¿Es el acercamiento posible... o incluso relevante?

Observe que estas dos personas, William Edwin Koehn y Martha Crystal Myers, murieron el mismo día hace poco más de quince años. Ellos eran ambos bautistas del sur. Y según todos los indicios su convicción era populista como la he definido.

Un comunicado de prensa de la época decía lo siguiente:
La Dra. Martha Myers, misionera asesinada, «Lo dio todo a la gente que sufría»

BIRMINGHAM- Ala. – La Dra. Martha C. Myers, la misionera bautista del sur asesinada por un extremista en Yemen el 30 de diciembre, fue recordada por un antiguo profesor como una persona «madura para su edad, especialmente en su compromiso cristiano».

El Dr. Mike Howell, su profesor de biología en Samford University, describió a Myers como una persona equilibrada, pero que se tomó «muy en serio» lo de convertirse en misionera médica.

«Era una persona brillante y trabajadora, buena en otras cosas aparte de biología», dijo. Cantaba en el Coro A Cappella y editaba la revista literaria, pero nunca hubo ninguna duda en la facultad que se dirigía al campo de las misiones médicas».

El Dr. Myers se graduó de Samford en 1967 y de la Facultad de Medicina de la University of Alabama en 1971. Como obstetra, trabajó en el Jibla Baptist Hospital de Yemen durante más de 25 años...

Myers fue asesinada junto con otros dos miembros del personal del hospital, el administrador William Koehn y la gerente de compras Kathleen Gariety.

Catherine Allen, de Birmingham, [una] compañera de clase [de Myers en la Samford University], dijo que Myers era «muy centrada y muy productiva». Fue esta personalidad centrada y «un claro llamado de Dios» lo que permitió a Myers servir durante tanto tiempo en Yemen, dijo Allen.

«El hospital de Yemen fue el testimonio más duradero, visible y viable de la Junta de Misiones Internacionales en Oriente Medio», dijo Allen, antigua administradora de la Unión Femenina Misionera.

Myers y Koehn fueron enterrados en los terrenos del hospital al que habían servido durante un cuarto de siglo.[16]

Gracias a un amigo personal que visitó Yemen poco después de la muerte de la Dra. Myers, puedo añadir algo a este relato, editado a partir del diario personal de mi amigo.[17] De los tres asesinatos de ese día, Martha era el objetivo. Ella era una obstetra-cirujana del hospital. Murió sin dinero, habiendo vendido sus muebles y otras posesiones para darlas a los pobres. Viajó por toda la región vacunando a los niños y atendiendo a los enfermos. Ella había hecho amistad con la esposa de su asesino y le había compartido de Cristo. En consecuencia, él decidió matarla y planeó el asesinato durante muchos meses. Durante este tiempo se asoció con *Al Qaeda*. El día de los asesinatos llamó al hospital y mandó llamar a Martha. Esto para asegurar que ella estaría en el teléfono de la oficina del hospital. Llevó una pistola de contrabando, fue directamente a la oficina, le disparó y la mató. Luego le disparó a Bill Koehn, que estaba sentado en el escritorio junto a Martha y Kathy Gariety, que también estaba en la oficina. Luego fue a la habitación de al lado y disparó al farmacéutico, quien se más tarde se recuperó.

---

[16] https://www.samford.edu/news/2003/Slain-Missionary-Dr-Martha-Myers-Gave-Her-All-to-People-were-Suffering, consultado el 15 de febrero de 2018. Para un recuerdo más reciente, véase https://www.imb.org/2017/12/15/martyrs-jibla-baptist-hospital/ Consultado el 15 de febrero de 2018.

[17] Rev. Glen A. Land, en ese momento era el Director de Misiones Estadales, Minnesota-Wisconsin Baptist Convention of the Southern Baptist Convention.

Tras el atentado, la viuda de Bill Koehn, Martha Koehn continuó sirviendo en el hospital donde su marido y Martha Myers fueron enterrados.

Mi punto aquí no es sugerir que la norma o la necesidad de los populistas sea el martirio, sino dibujar un contraste entre dos sub-grupos sociales en el mundo. Uno es elitista, cuya vocación es, para repetir Lamin Sanneh, «una actividad mental domesticada».[18] Durante muchas generaciones, este sub-grupo se ha justificado en parte con la afirmación de que están promoviendo la verdad, desengañando a los simples de la fe equivocada en un corpus sustancialmente engañoso de textos antiguos, y señalando hacia direcciones intelectuales, sociales y quizás religiosas más iluminadas. Que yo sepa, no se trata de un sub-grupo frecuentemente sometido a persecución por su lealtad al Dios y al Cristo de los que habla la Biblia. En algunos casos adquieren fama y estatus por su oposición y ataque a dicha lealtad.[19]

El otro sub-grupo, sin embargo, es el de los cristianos populistas. Mueren, unos 90.000 al año.[20] Eso es alrededor de diez cristianos cada hora del día, 24 horas al día. Aunque muchos pueden ser nominales, cristianos solo de nombre y no a fuerza de compromiso personal, muchos no lo son. Muchas veces 90.000 al año viven fielmente como cristianos sabiendo que debido a la parte del mundo en la que viven y a su compromiso con la vida en Cristo, podrían perder su vida en la tierra en un día cualquiera. Pienso en los creyentes de lugares como Egipto y muchos otros países del Cercano Oriente, Sudán y Sudán del Sur, el norte de Nigeria, India, China y Corea del Norte, por nombrar algunos

---

[18] Lamin Sanneh, *Whose Religion Is Christianity? The Gospel beyond the West* (Grand Rapids/Cambridge, U.K.: Eerdmans, 2003), pp. 57f.

[19] Para una trivialización de la persecusión de los cristianos, véase a Candida Moss, *The Myth of Persecution: How Early Christians Invented a Story of Martyrdom* (San Francisco: HarperOne, 2013). Para una revision vívida, véase N. Clayton Croy, *Review of Biblical Literature* 10 (2013), pp. 1-6, disponible en https://www.bookreviews.org/pdf/9158_10095.pdf, Consultado el 29 de enero de 2019. Para un tratamiento fresco de la persecución en el Nuevo Testamento, véase Eckhard J. Schnabel, «The Persecution of Christians in the First Century» *Journal of the Evangelical Theological Society* 61.3 (2018), pp. 525-47.

[20] Todd M. Johnson, Gina A. Zurlo, Albert W. Hickman, y Peter Crossing, Christianity 2017: Five Hundred Years of Protestant Christianity,' *International Bulletin of Missionary Research* 41/1 (Enero 2017), p. 50. Para defense de la cifra y su cálculo, véase Todd M. Johnson, Gina A. Zurlo, Albert W. Hickman, y Peter F. Crossing, 'Christianity 2018: More African Christians and Counting Martyrs,' *International Bulletin of Missionary Research* 42/1 (Enero 2018), pp. 20-8.

de los principales lugares peligrosos. Pero estos objetivos potenciales creen en lo que los elitistas como David Congdon nos dice que no tenemos: la seguridad personal de la vida eterna junto con la importante comprensión de que Dios no deja la muerte de sus amados sin ser vengada.

La valentía de grado martirial puede ser rara en los entornos occidentales, pero no es inaudita. A apenas diez millas de donde escribo, el 24 de noviembre de 2018, se planteó la pregunta: «¿Será esta la primera mujer mártir nacida en Estados Unidos?». Así rezaba el título de un artículo de opinión en un sitio web católico romano por el padre Brian W. Harrison, O.S.[21] Se refería al asesinato de Jamie Schmidt en Ballwin, Missouri, el 19 de noviembre, 2018. Harrison señaló que «ninguna mujer estadounidense o persona laica—y ningún ciudadano estadounidense en absoluto que haya muerto en el suelo de esta nación—ha sido hasta ahora honrado por la Iglesia como un mártir». Planteó la cuestión de si Schmidt debía ser reconocida como tal.

El incidente, perpetrado por el ya detenido Thomas Bruce, es descrito por Harrison en palabras confirmadas por muchas fuentes de noticias. Bruce entró en una tienda de artículos religiosos católicos al mediodía cuando solo tres mujeres estaban presentes. Les ordenó ir a la parte trasera de la tienda. Comenzó a agredirlas sexualmente.

Pero Harrison saca a relucir una dimensión religiosa minimizada por periodistas locales y nacionales. La última de las tres mujeres en ser atacada era

... Jamie Schmidt, de 53 años, una tranquila madre de tres hijos que trabajaba como secretaria asistente en el St. Louis Community College, en el suburbio occidental de Wildwood, y participaba activamente en su parroquia, San Antonio de Padua en High Ridge, en el vecino condado de Jefferson. No había nada obviamente extraordinario en esta mujer. Pero ahora hizo algo muy extraordinario de hecho. Habiendo sido obligada a presenciar con horror la agresión sexual de las dos mujeres a su lado, la Sra. Schmidt fue ordenada a someterse a un abuso similar. Pero la Sra. Schmidt—conmocionada, indefensa, y

---

[21] https://www.lifesitenews.com/opinion/will-this-be-the-first-american-born-martyr. Consultado el 29 de enero de 2019.

con el cañón de una pistola cargada apuntando a su cabeza—simplemente dijo que no.

Con la muerte en la cara, Jamie se negó discretamente a permitir que su pureza, su dignidad personal y su pacto matrimonial fueran ultrajados. Ella le miró directamente a los ojos y le dijo: «En nombre de Dios, no me quitaré la ropa». Enfurecido por este inesperado rechazo, su agresor respondió con un disparo a quemarropa que la derribó en el acto. La sobreviviente que dio este testimonio añadió que mientras Jamie yacía en el piso gravemente herida, se le oía susurrar las palabras del Padre Nuestro.

Si los cristianos confesos que mueren en el nombre de Dios están atestiguando la realidad y la voluntad del Dios de las Escrituras reveladas en Cristo, se deduce que la respuesta a la segunda pregunta de este capítulo—¿es el acercamiento relevante?—es, en un sentido importante, no. La Iglesia mártir en todo el mundo ciertamente supera a los eruditos teológicos elitistas en este extraño sentido: cada año mueren más mártires (unos 90.000; véase más arriba) que el número de eruditos elitistas que existen en la universidad y en las escuelas de post-grado de las iglesias, ciertamente en los Estados Unidos, tal vez en todo Occidente, y posiblemente en todo el mundo. La Iglesia mártir no está preguntando a los eruditos si pueden afirmar que Pablo escribió Efesios, si las palabras del Evangelio de Jesús son auténticas, o que si el que es fiel hasta la muerte recibirá la corona de la vida (Ap. 2:10). Y las personas que están dispuestas a morir por su fe en la verdad de la Biblia no son un sub-grupo que se reduce, sino una comunidad que sigue creciendo a un ritmo notable.

Hay que afrontar con entereza que esto plantea preguntas a los que son populistas, pero no mártires (todavía): ¿es nuestra fe y respuesta a Dios dignas de ser contadas como pertenecientes al mismo cuerpo de Cristo? Y: si Dios sigue eximiéndonos de su máximo nivel de sacrificio, ¿qué tipo de cambios son necesarios? ¿O somos como las vacas de Basán cómodos en Sión (Am. 4:1; 6:1)? Para algunos de nosotros que podría tener una cita con la muerte por causa de Jesús, ¿cómo podemos encontrar y ser fieles a ese llamado?

2.3 Promesa populista para la búsqueda de la verdad en la teología el Nuevo Testamento

Un tercer motivo de esperanza para un enfoque populista de las Escrituras, la fe cristiana y la vida práctica es su viabilidad para la iniciativa para la teología del Nuevo Testamento digna de ese nombre. A saber, afirma una relación positiva entre la salvación y la historia.

J. V. Fesko ha hablado de «dos tipos diferentes de teología bíblica: histórica-crítica y redentora-histórica». Geerhardus Vos (1862-1949) representa la segunda, mientras que un erudito más escéptico como Charles Briggs buscó la primera, en «un esfuerzo», en palabras de Vos, «por utilizar el plano horizontal de la historia para neutralizar el plano vertical de la inspiración divina».[22]

Es posible ver toda la historia de la teología del Nuevo Testamento como un debate continuo entre estas dos perspectivas. En una línea, la crítica histórica, comienza con Baur,[23] se modifica con William Wrede y la escuela de historia de la religión, y encuentra su culminación en Bultmann. Continúa hoy en día en el trabajo, por ejemplo, de Heikki Räisänen, que encuentra lo sagrado no en la revelación cristiana, sino en (ciertas expresiones de) la cultura humana[24]. Se puede denominar línea elitista, que lee el Nuevo Testamento como si sus afirmaciones teológicas fueran, en el mejor de los casos, solo cuestiones que algunas personas creían en aquel entonces y, desde luego, no son verdades reveladas sobre Dios que tengan peso en la actualidad.

Otra línea, la redentora-histórica, comienza en la historia de la teología neotestamentaria alemana con J. C. K. von Hofmann, contemporáneo de Baur; continúa con Adolf Schlatter, contemporáneo de Wrede; y se hace eco en la producción teológica neotestamentaria de, entre otros, Oscar Cullmann, Leonhard Goppelt, George Ladd, Donald Guthrie, I. Howard Marshall, Frank Thielman, Ben

---

[22] J. V. Fesko, *The Spirit of the Age* (Grand Rapids: Reformation Heritage Books, 2017), p. 109, quoting Vos, 'The Idea of Biblical Theology as a Science and as a Theological Discipline,' in *Redemptive History and Biblical Interpretation*, p. 15).

[23] Fara raíces más tempranas, lease Otto Merk, *Biblische Theologie des Neuen Testaments in ihrer Anfangszeit: Ihre methodischen Probleme bei Johann Philipp Gabler und Georg Lorenz Bauer und deren Nachwirkungen* (Marburg: N. G. Elwert, 1972).

[24] Véase Timo Eskola, *Beyond Biblical Theology: Sacralized Culturalism in Heikki Räisänen's Hermeneutics*, Biblical Interpretation 123 (Leiden: Brill, 2013). Revisión de nota por Michael Bird in *Review of Biblical Literature* 9 (2016).

Witherington III, Thomas Schreiner y Craig Blomberg, todos los cuales ofrecen alternativas a Bultmann. Se puede calificar de salvación-histórica, pero en su orientación hermenéutica y en sus afirmaciones teológicas singulares esta línea es populista. Es una lectura abierta a las afirmaciones teológicas del Nuevo Testamento.

Johannes Zachhuber, en su estudio sobre F. C. Baur, señala la ironía de la verdad que buscaba Baur quedaba descartada por sus compromisos filosóficos que «prácticamente excluían» lo que él decía buscar, que Zachhuber caracteriza como la unificación de hechos y significados en el estudio crítico del Nuevo Testamento y su historia. Continúa señalando que no parece haber «una solución inmediata a los problemas sistemáticos fundamentales de los que da testimonio la obra [de Baur]». De hecho, «hay pocos indicios de que en los últimos 150 años se haya avanzado de forma decisiva más allá de las aporías que se exponen en la obra de Baur»[25]. Me gustaría remarcar aquí que cuando se descarta la mano salvadora conocible de Dios de la Biblia, tanto del Nuevo como del Antiguo Testamento, será difícil convencer a los demás de que se tiene una clave última para el significado asociado con los hechos que se encuentran en los textos bíblicos. Esta es una de las razones por las que los estudios bíblicos están tan fragmentados en sus métodos y conclusiones.

El capítulo uno señalaba un conjunto de convicciones afirmadas por la mayoría de aquellos que llamo populistas:

1. un Dios creador trascendente
2. la Trinidad
3. la naturaleza caída
4. la Encarnación
5. la divinidad de Cristo
6. el nacimiento virginal de Cristo, la muerte expiatoria, la resurrección física
7. los milagros bíblicos

---

[25] Zachhuber, 'The Absoluteness of Christianity and Relativity of All History: Two Strands in Ferdinand Christian Baur's Thought,' in *Ferdinand Christian Baur*, ed. Bauspiess, Landmesser, and Lincicum, pp. 330-1.

8. el nuevo nacimiento a través de la renovación del Espíritu Santo cuando el evangelio es predicado y recibido
9. el regreso corporal, glorioso y visible de Jesucristo
10. vida y castigo eternos
11. una Escritura inspirada y confiable que afirma todas estas cosas.

Es mi opinión que un conjunto de convicciones como estas es una representación plausible de las afirmaciones verdaderas que se encuentran en la Biblia y valiosa para el análisis sintético continuo del Nuevo Testamento, que es como yo definiría la teología del Nuevo Testamento. La convicción populista afirma la conexión positiva entre la salvación y la historia que el Nuevo Testamento afirma—por ejemplo: «Pero cuando llegó la plenitud de los tiempos [eso es la historia], Dios envió a su Hijo, nacido de mujer, nacido bajo la ley, para redimir a los que estaban bajo la ley, para que recibiéramos la adopción como hijos» (Gálatas 4:4-5; eso es la salvación). El populismo, tal como lo define este libro, es un marco prometedor para una exégesis y exposición teológicamente ricas de la Biblia, un noble objetivo de la teología bíblica de uno y otro Testamento.

2.4. Recuperando una ecología del hombre

Un cuarto motivo de esperanza para un enfoque populista de las Escrituras, la fe cristiana y la práctica, es su viabilidad en la actual crisis internacional a la que nos enfrentamos en relación con la humanidad, la sexualidad, el género, la familia y otras cuestiones relacionadas. Una declaración de 2015 llamada Declaración de Salzburgo[26] emitida en Austria ha recibido poca atención de la prensa en el mundo de habla inglesa. Merece ser más conocida. Titulada, en inglés, «*Current Threats to Human Creatureliness and Their Overcoming: Life According to the Creator's Will*» la declaración fue emitida por la Internationale Konferenz Bekennender Gemeinschaften (Conferencia Internacional de Congregaciones Confesantes), un título que se hace eco de la coalición eclesiástica que se opuso a Hitler.

---

[26] http://www.ikbg.net/, consultado el 20 de mayo de 2019.

La declaración afirma que «la 'ecología del hombre' significa que los seres humanos deben tratar su propia naturaleza (y no solo la que le rodea) con cuidado, respetando el orden de la creación y los mandamientos que Dios les ha dado para su propio beneficio». Expone «el testimonio bíblico como base de una 'ecología del hombre'». Identifica «los ataques actuales al hombre como creación de Dios con especial mención a la teoría de género,» con particular referencia a Judith Butler y su influencia en el pensamiento de las élites y en la política social gubernamental. Detalla «la necesidad de una nueva reflexión sobre la revelación bíblica como condición previa para una 'ecología del hombre'».

Los conferencistas de Salzburgo eran eruditos de habla alemana y líderes eclesiásticos de habla alemana que representaban a las iglesias católicas, ortodoxas orientales, protestantes y evangélicas de Europa occidental y oriental. Esta coalición es en sí misma inusual. Pero aún más sorprendente es el realismo bíblico que informa toda la declaración. Génesis 1-3, los Diez Mandamientos y las enseñanzas de Jesús y los apóstoles se utilizan como normas vinculantes para el pensamiento cristiano en este ámbito crítico en nuestra época de crisis sin precedentes. No tiene precedentes si no es porque nos adentramos diariamente en las aguas inexploradas de un holocausto internacional de bebés abortados, con cerca de 1.500 millones asesinados en todo el mundo solo desde 1980, entre ellos más de dieciocho millones de bebés afroamericanos solo en Estados Unidos desde 1973.[27] La pobreza humana—personal, social, económica, política—de tales estadísticas es asombrosa, y más aún a la luz del amor de Dios por la vida que crea (incluso en el vientre materno; Sal. 71:6; 127:3; 139:13) y la determinación de hacer responsables a los que desvalorizan esa vida.

Además, el principal autor de la Declaración de Salzburgo es Werner Neuer, un teólogo evangélico que ha liderado el redescubrimiento de la importancia de Adolf Schlatter y que es un firme defensor de la autoridad bíblica y de la visión bíblica de la sexualidad. Algunos recordarán que escribió el libro *Man and Woman in Christian Perspective*, traducido por Gordon Wenham y publicado por Crossway en 1991. Fue una de las primeras entradas sustanciales en el debate

---

[27] http://www.numberofabortions.com/, consultado el 20 de mayo de 2019.

igualitario-complementario. Se basó no solo en las Escrituras, sino en la literatura científica social de la época. Se situó de lleno en el lado tradicionalista. Ahora, un cuarto de siglo después, este mismo autor, con un fuerte apoyo colegiado, representa la perspectiva cristiana histórica consensuada sobre el florecimiento humano basado en la Biblia en una declaración ecuménica internacional.

A lo largo de la declaración, se hace referencia a la complicidad de iglesias protestantes elitistas en la teoría de género, el aborto y otras opiniones y actividades declaradas pecaminosas en la Biblia. Este es el problema, citando la Declaración:

Todas las creencias bíblicas de las Iglesias cristianas mencionadas anteriormente han sido mantenidas en común por todos los cristianos (en el sentido de un consenso magnus) hasta bien entrado el siglo XX, a pesar de las diferencias doctrinales de los católicos protestantes y ortodoxos. Asimismo, han encontrado confirmación en la tradición del derecho natural pre-cristiano y extra-cristiano. Este testimonio común está ahora más amenazado que nunca, sobre todo por la influencia de ciertos grupos protestantes que, bajo la influencia del Zeitgeist, han abandonado este testimonio común y, por lo tanto, han profundizado las divisiones existentes entre las Iglesias. No solo se ve afectada la unidad ecuménica entre las Iglesias, sino también la unidad interna de las diferentes Iglesias. Con respecto al testimonio del relato bíblico de la creación existe ahora una dolorosa división en las Iglesias de Europa y Norteamérica. Esto hace que el testimonio de los cristianos y de las Iglesias sea común frente a la cultura secular y las religiones no cristianas.

Pero es posible un testimonio común basado en las convicciones populistas de la iglesia mundial emergente, que resulten ser las convicciones bíblicas de un núcleo continuo de líderes de la iglesia europea tradicional altamente capacitados que no han abandonado la fe histórica y su creencia en una sagrada Escritura con una verdad que preserva la vida de la raza humana en la actualidad.

2.5 (Re) conexión con el legado cristiano ecuménico de la inerrancia bíblica

Un quinto motivo de esperanza para una aproximación populista a la Escritura, la fe cristiana y la vida práctica, es la visión de la Escritura que tienen no solo los creyentes populistas, la cual es generalmente un alto concepto, sino que estos son también más de la mitad de los cristianos del planeta tierra. Hablo de la comunión católica romana a la que pertenece más de la mitad de la población cristiana mundial. Los protestantes son aproximadamente la mitad, y los evangélicos solo un porcentaje de los protestantes. Lo que se enseña a la mayoría de los cristianos en la historia del mundo sobre la Biblia es seguramente de interés para un sub-grupo numérico como nosotros, especialmente si su punto de vista coincide con el nuestro.

No estoy afirmando aquí la eclesiología o soteriología católica romana; me pongo del lado de Lutero y Calvino y de la herencia protestante en su crítica bíblica del catolicismo. Al mismo tiempo, debemos señalar que la visión oficial de la Escritura es tan inerrantista como la Declaración de Chicago y está más fundamentada teológicamente.[28] Si la unidad de la iglesia internacional importa, ahora y en el futuro, vamos en la dirección equivocada si consagramos como interlocutor principal al movimiento de élite que en la Ilustración se apartó no solo de la visión escolástica protestante de la Escritura, sino también de la visión histórica consensuada, que se muestra, por ejemplo, en Agustín y en una cadena ininterrumpida de muchos eruditos católicos romanos (aunque no todos) que se ha mantenido hasta ahora y en la enseñanza oficial de la iglesia.

El historiador de la Iglesia John Woodbridge, probablemente la principal autoridad del evangelicalismo en la historia del pensamiento inerrantista, me recordó en una conversación personal reciente sobre la gran estima que B. B. Warfield y J. Gresham Machen tenían por la doctrina católica romana de las Escrituras, que ellos afirmaban de todo

---

[28] Véase Pablo T. Gadenz, 'Magisterial Teaching on the Inspiration and Truth of Scripture: Precedents and Prospects,' *Letter & Spirit* 6 (2010): pp. 67-91, recomendado por Jeffrey L. Morrow en su revision de Eckart Schmidt, '... *das Wort Gottes immer mehr zu lieben*': *Joseph Ratzingers Bibelhermeneutik im Kontext der Exegesegeschichte der römischkatholischen Kirche*, http://www.bookreviews.org/bookdetail.asp?TitleId=10523. In *RBL* 02/2018, consultado el 19 de febrero de 2018.

corazón.[29] El Papa Benedicto XVI, conocido como el Cardenal Ratzinger cuando era el supervisor doctrinal de la Iglesia católica, escribió extensamente contra la hermenéutica elitista y de alguna manera la desafió en su serie de tres volúmenes llamada *Jesus of Nazareth*.[30] También apoyó el punto de vista inerrantista de la Iglesia católica sobre las Escrituras, refinándolo solo al hacer más explícito el sentido en que la Palabra escrita conduce a la Palabra viva Jesucristo. Creo que puede exagerar aquí con este acento barthiano, y les remito a un excelente estudio sobre esto de Matthew Barrett en el Midwestern Seminary: «¿Es nuestra doctrina de la inerrancia suficientemente cristológica? El futuro de la inerrancia y la necesidad de los dogmas».[31] Barrett muestra que Cristo la Palabra nos llama a la plena lealtad a Él *y* a la Escritura, no a Él y no tanto o nada a la Escritura, como sostenía Barth.

La cuestión es que el resurgimiento cristiano mundial fuera del Occidente anteriormente cristiano, que yo llamo populista, con su tendencia hacia la visión de que la totalidad de las Escrituras es totalmente verdadera, encuentra un aliado en la mayor confesión cristiana del mundo. Los cristianos de todo el mundo deberían afirmar esta importante parcela de terreno común. Los protestantes hacen bien en considerar a los católicos no como enemigos, sino como aliados en lo que se refiere a la doctrina de la verdad de las Escrituras y deberían orar por nuestro testimonio colectivo de la autoridad bíblica, el verdadero evangelio de Cristo y el señorío vivo de Cristo frente a la oposición y la persecución de las ideologías post y anti-cristianas de cualquier parte.

---

[29] Sobre la alta consideración de Machen por la enseñanza católica romana sobre la Escritura, véase también John Woodbridge, 'The Fundamentalist-Modernist Controversy,' in *Evangelical Scholarship, Retrospects and Prospects*, eds. Dirk R. Buursma, Katya Covrett, and Verlyn D. Verbrugge, festschrift for Stanley N. Gundry (Grand Rapids: Zondervan, 2017), p. 106.

[30] Vol. 1 (2007): *Jesus of Nazareth: From the Baptism in the Jordan to the Transfiguration*; vol. 2 (2011): *Jesus of Nazareth: Holy Week: From the Entrance Into Jerusalem to The Resurrection*; vol. 3 (2012): *Jesus of Nazareth: The Infancy Narratives*.

[31] *Presbyterion* 44 (Spring 2018) pp. 25-41.

2.6. Ímpetu del evangelio de la era de los hijos y las hijas del populismo

Un sexto motivo de esperanza para un enfoque populista de las Escrituras, la fe cristiana y la vida práctica es que ya está con nosotros dando frutos con una fuerza y un número significativos en el Occidente post-cristiano.

Los creyentes inmigrantes y las iglesias de muchas de nuestras ciudades y de otros lugares están creando una nueva presencia cristiana. En San Luis, Missouri, EEUU, cerca del seminario donde enseño, hay presencia nepalí, congoleña, sudanesa y panafricana, junto con iglesias coreanas y chinas más numerosas. Estoy seguro de que hay otras. Uno de mis alumnos está iniciando una confraternidad brasileña. La Biblia es reverenciada entre estos grupos, no se duda de ella. Tal vez puedan reevangelizarnos a nosotros los paganos norteamericanos con nuestra idolatría animista y sincretismo religioso folclórico que confunde lo americano con lo cristiano, añadiendo en Europa la convicción de que la crítica racional autónoma de la Palabra de Dios de alguna manera lo honra.

O mire la academia. No tengo cifras concretas. Pero cuando estaba en la Trinity Evangelical Divinity School cerca de Chicago, nuestro decano académico era Tite Tiénou de Costa de Marfil, África. Un colega de Nuevo Testamento era de Hong Kong y llegó a nosotros después de un doctorado en Harvard. Otro era de Singapur y tenía un doctorado en Emory. En la Beeson Divinity School hay un joven erudito del Nuevo Testamento con un doctorado en Aberdeen de la República Dominicana. En Beeson hay otra erudita del Nuevo Testamento con un doctorado de Aberdeen nacida en Corea del Sur. Es la Dra. Sydney Park. Puede leer su testimonio en el libro que escribió con el erudito del Antiguo Testamento Kenneth A. Mathews, *The Post-Racial Church: A Biblical Framework for Multiethnic Reconciliation*[32]. Está anexado a este libro.

A pesar del racismo al que se enfrentó Park de niña en las escuelas de la ciudad y en los suburbios de Chicago, y a pesar de la dura incredulidad en la University of Chicago, Dios la unió en la fe en Cristo

---

[32] Grand Rapids: Kregel, 2011. See pp. 266-70.

con muchos otros millones coreanos de nuestro tiempo. Como los otros eruditos que he mencionado y sus compañeros de todo el mundo, pasó de ser una minoría racial, en este país, a ser una erudita cristiana y una preciada profesora de seminario. Su *A Biblical Theology of Women*[33] será publicado por T & T Clark en los próximos meses.

Desde 2014 un colega pastor y yo trabajamos dos veces al año con un hombre de color en Cape Town, Sudáfrica, que se levantó de un lugar racialmente desfavorecido bajo el *Apartheid* para obtener un título avanzado en Stellenbosch. Ahora enseña a cientos de pastores brillantes, pero con desventaja educativa, en los Cape Flats. No están tramando una insurrección política ni leyendo teología de la liberación, sino que estudian las Escrituras, a Spurgeon, a los reformadores y a otros grandes de la tradición cristiana. Y están predicando a Cristo crucificado y resucitado en barrios asolados por la pobreza y las bandas, viendo muchos bautismos y alistando a hombres y mujeres a través de un discipulado vívido. Están predicando y enseñando en las sombrías cárceles de la región. El hombre con el que trabajo dejó la Unión Bautista de allí debido a su liberalismo elitista, un problema con muchas iglesias bautistas en todo el mundo que han perdido la fe en el Libro.

Solo estoy arañando la superficie. Mi punto es que vemos la erosión en la erudición evangélica occidental con gente como David Congdon y Bart Ehrman conviertiéndose en animadores elitistas, y los eruditos evangélicos distanciarse de la autoridad bíblica cuando se trata de varios temas. Pero hay un movimiento significativo en la dirección opuesta delante de nuestras narices. Un hombre al que le enseñé en Rumania cuando era estudiante universitario en los años 90 y que creció bajo la persecución comunista rumana se ha convertido en profesor de teología en Gordon Conwell Theological Seminary.[34] El presidente de la Károli Gáspár University en Budapest, Hungría, el Prof. Dr. Peter Balla igualmente aguantó la opresión comunista en los años de su juventud, pero perseveró hasta escribir una disertación doctoral[35] y la posterior

---

[33] London: T & T Clark, 2019.
[34] La referencia aquí es al Dr Adonis Vidu: véase https://www.gordonconwell.edu/academics/view-faculty-member.cfm?faculty_id=57851&grp_id=8947, consultado el 30 de enero de 2019.
[35] Peter Balla, *Challenges to New Testament Theology: An Attempt to Justify the Enterprise* (Tübingen: J. C. B. Mohr, 1997). Esta fue una tesis doctoral en la University of Edinburgh.

publicación académica que sigue la tradición académica alemana, la Habilitación.[36] Ellos, otros académicos que he mencionado en esta sección, y muchos otros tienen un fundamento doctrinal y bíblico forjado en el fuego del cristianismo de primera—y segunda—generación bajo el ostracismo social y a veces la persecución. Ellos representan nuevos medios de gracia en regiones occidentales como la nuestra, que han perdido la fe en las Escrituras y parecen temer más la censura de la élite que el veredicto de Dios sobre sus lealtades y publicaciones.

3. Conclusión: dos testimonios

¿Cuál *es* el veredicto de Dios sobre la tensión que he destacado en estas conferencias? Ulrich Wilckens, cuya visión de la insuficiencia elitista es tan importante llama repetidamente a un retorno a Dios en la erudición. ¿Pero cómo? Wilckens también llama a redescubrir el amor. La exhortación es muy acertada. Pero su consejo parece ser principalmente: luchar más duro contra los que están en el error como Barth contra sus antepasados liberales en la década de 1920[37], aunque muchos piensan que Barth acabó perdiendo el contacto con Dios también.[38] El diagnóstico de Wilckens sobre los males de la crítica histórica es más eficaz que su receta para la cura.

Sin embargo, no lo culpo, porque yo tampoco tengo respuestas finales prolijas. Pero haré esta predicción. Si el extravío elitista en el futuro es superado, disminuido, o tal vez incluso redimido, será por la acción directa de Dios en los corazones individuales—no solo eso, pero no sin eso. Recordando la tradición de avivamiento (bautista) en la que la muerte de Cristo por mis pecados y la vida de resurrección se hicieron reales para mí, y en la que mi esposa (ex católica romana) fue llevada a afirmar un compromiso personal similar durante el primero de nuestros ahora cuarenta y cinco años de matrimonio, soy muy consciente de

---

[36] Peter Balla, *The Child-Parent Relationship in the New Testament and Its Environment* (Tübingen: Mohr Siebeck, 2003). Esta fue su segunda tesis doctoral en la Evangelical Lutheran Theological University, Budapest, Hungary.
[37] Wilckens, *Historische Kritik der historich-kritischen Exegese*, e.g., p. 384.
[38] Algunos no encontrarán alentadora la historia que aquí se cuenta: Christiane Tietz, 'Karl Barth and Charlotte von Kirschbaum,' *Theology Today* 74/2 (2017) pp. 86-111.

cómo Dios llama a los pecadores a Cristo. Por lo tanto, Él podría venir en nuestra ayuda incluso en este momento también. Ofrezco un par de testimonios que pueden alentar la esperanza, la determinación y—¿por qué no?—la adoración.

En 2015 Wilckens (nacido en 1928 en Hamburgo, Alemania) dijo a un entrevistador de la revista cristiana alemana *ideaSpektrum* lo siguiente:[39]

> *Te explicaré cómo me convertí en cristiano. Cuando crecí en nuestra casa no se oraba. Mi padre era un médico de planta en el ejército y estaba 100 por ciento convencido de que no había Dios. Así que yo tampoco creía en nada. En enero de 1945, poco antes de que terminara la Segunda Guerra Mundial, fui reclutado con 16 años. Recibimos seis semanas de entrenamiento. Luego fuimos lanzados a la guerra cerca de Munich. Se suponía que debíamos detener a la 6ª División Blindada estadounidense con armas pequeñas y lanzagranadas. Yo estaba atrincherado 100 metros por delante del frente. Oí el estruendo de 200 tanques que avanzaban. Nunca olvidaré el sonido aterrador. Tenía miedo de morir. Una amiga de la escuela me había dado un NT de bolsillo. Lo saqué y leí: «En el mundo tendréis tribulación... pero confiad: Yo he vencido al mundo» (Juan 16:33).*
>
> *No solo leí estas líneas: Las escuché. Me has preguntado cómo alguien oye la voz de Dios hoy. Estas palabras para mí no eran solo algo que leí de una Biblia andrajosa: era Dios dirigiéndose a mí. Esta voz de Jesucristo—se quedó conmigo toda mi vida.*
>
> *ideaSpektrum: ¿Cómo sobrevivió al ataque de los tanques?*
>
> *Wilckens: ¡Fue espantoso! Durante décadas no pude hablar de ello. Fue un baño de sangre. La mayoría de mis compañeros yacían muertos en el suelo. Un oficial subalterno recogió los restos. Atribuyo a la voz de Dios, que escuché, el que yo haya salido sano y salvo.*
>
> *ideaSpektrum: Usted encontró su camino hacia la fe cristiana a través de la guerra. Otros perdieron la suya a través de la guerra.*
>
> *Wilckens: Cada uno debe considerar los acontecimientos por sí mismo. No puedo comparar mi experiencia con la de otro. Pero cuando cuento lo que pasé, hay muchas personas que escuchan con atención, porque oyen algo genuino.*

---

[39] *ideaSpektrum* 14 (2015), p. 21.

¿Es el acercamiento posible… o incluso relevante?

La entrevista completa con Wilckens se publica como apéndice de este libro y vale la pena leerla. Pero incluso el fragmento reproducido arriba justifica la pregunta: ¿podría el verdadero testimonio cristiano ser tan genuino que pueda desafiar, incluso en los círculos elitistas, lo que Lamin Sanneh llama «la alergia de un Occidente secular a cualquier sugerencia de retorno al cristianismo»[40]? La historia está repleta de relatos de personas indiferentes u opuestas al cristianismo que regresan, ya sea Agustín, el intelectual refinado, John Newton, el malvado comerciante de esclavos, o el difunto Nabeel Qureshi, antiguo apologeta musulmán, cuyo testimonio perdura en la importante publicación de dos grandes libros.[41]

He aquí un segundo testimonio, éste del editor de *InterVarsity*, Andy Le Peu con motivo de la muerte del autor Jim Sire. Le Peu califica a Sire «una piedra angular en la renovación intelectual del evangelicalismo [norteamericano]».[42] Le Peu cuenta esta historia:

Los dos estábamos en una gran cena celebrada en honor de John W. Alexander, el recientemente retirado presidente de InterVarsity Christian Fellowship. En la cena, celebrada probablemente en 1985, el Dr. Alexander exhortó al grupo a no dejarse llevar por las ideas sobre el cristianismo, sus fundamentos filosóficos y sus implicaciones intelectuales. Sí, tenían su lugar en apologética y demás, pero estas ideas no eran el centro del cristianismo, Cristo lo era. Siempre y en todo momento debemos centrarnos en Jesús. La persona de Jesús es y debe ser nuestro centro.

Mientras me estaba sentado junto a Jim, me preguntaba qué pensaría de esto alguien que había pasado una carrera centrada en los mismos tipos de ideas que Alexander decía que eran de importancia secundaria. Cuando terminó, Jim se volvió hacia mí y dijo: «Sabes, tiene razón. Jesús es el centro».

Me sorprendió, por no decir que me dejó atónito. Y a partir de ese momento noté un cambio marcado en los escritos de Jim y en su vida

---

[40] Sanneh, *Whose Religion Is Christianity?*, p. 83.
[41] Es decir, *Seeking Allah, Finding Jesus: A Devout Muslim Encounters Christianity*, edición expandida (Grand Rapids: Zondervan, 2016); *No God But One: Allah or Jesus? A Former Muslim Investigates the Evidence for Islam and Christianity* (Grand Rapids: Zondervan, 2016).
[42] Consultado en http://andyunedited.ivpress.com/2018/02/james_w_sire_1933-2018.php Feb. 3, 2019.

espiritual. En retrospectiva veo la humildad de alguien con logros intelectuales importantes, alguien que estaba dispuesto a permanecer abierto al Espíritu y a crecer a lo largo de la vida. Esa es quizás la lección más importante que enseñó.

La iglesia populista mundial nos llama, como lo hace el ejemplo del difunto James Sire, a la humildad respecto a cualquier logro intelectual, a estar abiertos al Espíritu, al crecimiento permanente en la gracia y el conocimiento, y me permito añadir que, a la reverencia por la Biblia más que a la crítica de la misma.

Porque, como afirma Lamin Sanneh, «un Occidente post-cristiano no está tan lejos que no pueda entrar en contacto con un cristianismo post-occidental»[43].

---

[43] Sanneh, *Whose Religion Is Christianity?*, p. 80. Para una descripción sobre cómo esto podría tomar lugar y de hecho está ocurriendo, véase Jerry Trousdale and Glenn Sunshine with Gregory C. Benoit, *The Kingdom Unleashed: How Jesus' 1st-Century Kingdom Values Are Transforming Thousands of Cultures and Awakening His Church* (Murfreesboro, TN: DMM Library, 2018).

APÉNDICE 1

Testimonio de un obispo luterano alemán y erudito del Nuevo Testamento: «La Pascua es el tema central de mi vida»[1]

Es uno de los profesores de teología protestante más singulares de la Europa de habla alemana: Ulrich Wilckens (Lübeck). Durante su tiempo como profesor de teología y obispo no fue en absoluto un activista del cristianismo confesional. Todo cambió tras una experiencia cercana a la muerte. En contra de las expectativas, se recuperó. Desde entonces, es uno de los clérigos más francos de Alemania. El reportero de *idea*, Karsten Huhn habló con él.

idea: Herr obispo, a estas alturas ya ha celebrado la Pascua muchas veces. ¿Sigue celebrando esta ocasión?

Wilckens: Por supuesto. La Pascua es el tema central de mi vida. Si Cristo no resucitó, tendría que decir con Pablo: mi fe es vana (1 Cor. 15:14). En la cruz y la resurrección de Cristo, Dios, en su oberanía obra nuestra redención. Yo vivo en esta certeza.

idea: Que Cristo resucitó—todos dicen eso.

Wilckens: Por desgracia, ya no lo dice todo el mundo, sino en realidad muy pocos.

idea: ¿Qué le hace estar tan seguro de que hay algo real en la resurrección?

---

[1] Una traducción de la entrevista hallada en http://kath.net/news/50015. ©Publicada primero en *ideaSpektrum* 14/2015. Usada con permiso. Traducción por R. Yarbrough.

Wilckens: Para empezar, mi trabajo histórico-exegético. Además: la experiencia continua dentro de mí de que el Cristo vivo está obrando.

idea: Esa convicción no fue tan fácil para el autor y figura de la Ilustración, Gotthold Ephraim Lessing (1729-1781). Él acusaba a las verdades de la Biblia de no poder ser verificadas: «Esa es el feo y amplio foso que no he podido superar, por mucho que haya intentado dar el salto».

La razón es un regalo de Dios

Wilckens: Muchos teólogos hoy día son defensores de esta perspectiva, recientemente ha sido defendida por el erudito del Nuevo Testamento Ulrich Luz que enseña en Suiza. Pero se refieren muy poco a las premisas que informan su criterio. Lo ven como la razón, que a priori ejerce un control sobre las posibilidades de la acción de Dios. Aquí el criterio decisivo es la experiencia humana, oculta tras el velo de la llamada ciencia.

idea: Tienen buenas razones para ello: la razón es el instrumento más importante de un científico—y también de los teólogos.

Wilckens: Pero la razón no es una entidad completa en sí misma. Más bien puede llegar a resultados muy diversos. Hay una «razón» que reverencia a Dios y que reconoce su realidad. Esa es la premisa de todo conocimiento. En este sentido, la razón se basa, en última instancia y de forma enfática, no en la experiencia de la ciencia humana, sino en la experiencia de que Dios existe y actúa. No atribuyo mi razón y capacidad de conocer algo a mí mismo; esto es más bien un don y una tarea de Dios.

El problema de la teología contemporánea

idea: Uno de los teólogos dominantes de la Ilustración fue Ernst Troeltsch (1865-1923). Ante el desvanecimiento de las certezas para la fe en los estudios sobre la vida de Jesús, decidió que: «Todo se tambalea». Ya no hay nada seguro en teología.

Wilckens: Con esta afirmación subrayó la incertidumbre que reina en la teología actual hasta el día de hoy. Quien sea que explique la fe del Nuevo Testamento como surgida de las religiones antiguas, por tanto como no arraigada en Dios, sino inventada por el hombre, ya no tiene nada que ver con la fe cristiana. Muchos teólogos ya no creen en Dios mismo, en Sus efectos reales; más bien califican la fe en Dios como un sentimiento religioso. Para ellos, la resurrección es un sentimiento religioso que surge en el hombre: al final todo saldrá bien.

La resurrección está basada en un hecho

idea: ¿La resurrección está basada en un hecho?

Wilckens: Sí, creo que sí. Creo que los reportes del Nuevo Testamento deben tomarse en serio como historia. Por ejemplo, la tumba vacía. Muchos estudiosos piensan que la tumba vacía de Jesús es una invención. Creo que eso es totalmente irreal. En aquella época cualquiera en Jerusalén podía comprobar si la tumba estaba ocupada o no. Además, hubo una animada discusión entre judíos y cristianos si los discípulos de Jesús robaron Su cadáver (Mateo 28:11-15). Eso es una admisión indirecta de que el cuerpo ya no estaba en la tumba.

idea: Pero una tumba vacía no es aun una resurrección.

Wilckens: Además, las mujeres en la tumba vacía se enteraron por un ángel que Dios resucitó a Jesús. En aquellos días la gente estaba familiarizada con visiones y encuentros auditivos con Dios, oyendo y viendo su realidad. Justo antes de esto las mujeres estaban profundamente preocupadas, y los discípulos de Jesús después de su muerte estaban a punto de abandonar su fe en Él, regresando a su Galilea natal - no podían consolarse con la perspectiva de que Él resucitara, porque en la enseñanza judía no existía la creencia de que alguien pudiera resucitar de entre los muertos antes del fin de todas las cosas. ¿Cómo podrían los primeros cristianos—que eran todos judíos—llegar a esta idea escandalosa por su cuenta? Hoy en día muchos lo ven como algo plausible, pero en el pensamiento de la época era una noción chocante.

Convertirse en un cristiano en las trincheras

idea: Si alguien dijera hoy que está ante una tumba vacía y que oye la voz de Dios, para muchos sería un caso de psiquiatría.

Wilckens: Te explicaré cómo me convertí en cristiano. Cuando crecí en nuestra casa no se oraba. Mi padre era un médico de planta en el ejército y estaba 100 por ciento convencido de que no había Dios. Así que yo tampoco creía en nada. En enero de 1945, poco antes de que terminara la Segunda Guerra Mundial, fui reclutado con 16 años. Recibimos seis semanas de entrenamiento. Luego fuimos lanzados a la guerra cerca de Munich. Se suponía que debíamos detener a la 6ª División Blindada estadounidense con armas pequeñas y lanzagranadas. Yo estaba atrincherado 100 metros por delante del frente. Oí el estruendo de 200 tanques que avanzaban. Nunca olvidaré el sonido aterrador. Tenía miedo de morir. Una amiga de la escuela me había dado un Nuevo Testamento de bolsillo. Lo saqué y leí: «En el mundo tendréis tribulación...»

idea: «...pero confiad. Yo he vencido al mundo» (Jn. 16:33)
Wilckens: No solo leí estas líneas: Las escuché. Me preguntaste cómo alguien oye la voz de Dios hoy. Estas palabras para mí no eran solo algo que leí de una Biblia andrajosa: era Dios dirigiéndose a mí. Esta voz de Jesucristo—se quedó conmigo toda mi vida.

idea: ¿Cómo sobrevivió al ataque de los tanques?
Wilckens: ¡Fue espantoso! Durante décadas no pude hablar de ello. Fue un baño de sangre. La mayoría de mis compañeros yacían muertos en el suelo. Un oficial subalterno recogió los restos. Atribuyo a la voz de Dios, que escuché, el que yo haya salido sano y salvo.

idea: Usted encontró su camino hacia la fe cristiana a través de la guerra. Otros perdieron la suya a través de la guerra.
Wilckens: Cada uno debe considerar los acontecimientos por sí mismo. No puedo comparar mi experiencia con la de otro. Pero cuando cuento lo que pasé, hay muchas personas que escuchan con atención, porque oyen algo genuino.

Debatí con marxistas

idea: Después de la guerra, usted estudió teología en Heidelberg y Tübingen. La competencia entre ambas facultades es legendaria. ¿En qué se diferencian?

Apéndice 1

Wilckens: Tübingen es más pequeña y está llena de pietistas que hablan el dialecto de Schwab. Recuerdo en particular a Ernst Fuchs (1903-1983). Era un típico schwabiano. A mí, que soy un alemán del norte, me fascinaba muchísimo. Apenas le entendía, su dialecto era muy fuerte. Cuando interpretaba la Biblia, básicamente siempre explicaba lo que significaba para él—pero yo no lo entendí hasta más tarde.

idea: Terminó su Habilitación [disertación de su segunda tesis doctoral] y fue llamado a Marburg, y luego a Berlín y a Hamburgo.

Wilckens: Llegué a Berlín en medio de las manifestaciones estudiantiles [de finales de los 60]. Hasta altas horas de la noche discutía con marxistas y leninistas. Me llevaron al límite para estar a su altura intelectualmente.

idea: ¿Fue capaz de convencer a los discípulos de Marx y Mao?

Wilckens: No, pero quizás pude hacerles pensar. Cada quincena mi esposa y yo invitábamos a los estudiantes a cenar. Después de una contienda conversacional, al final hacíamos una pausa para tomar un refrigerio a medianoche. Entonces las discusiones se volvían más personales. El ambiente cambió. Los revolucionarios estridentes se volvieron casi melancólicos. Observé que detrás de ese exterior áspero, debía esconderse un profundo anhelo de una patria definitiva y segura.

La iglesia necesita una renovación fundacional

idea: Usted fue obispo de la diócesis de Holstein-Lübeck de 1981 a 1991. En aquella época se quejaba de que «la sustancia de la fe se está evaporando. Cada vez más personas no saben nada de la fe cristiana. No tiene ninguna influencia en su propia vida, ni tampoco la quieren. Tal percepción de la irrelevancia práctica de la fe cristiana llega a lo más profundo a los miembros de nuestra iglesia».

Wilckens: Así es como siguen las cosas—excepto que las cosas han empeorado. En aquella época observé que no solo los estudiantes de teología estaban encallando en la fe, sino también los miembros que liderizan la iglesia. Cuando mencioné a los ángeles en un informe anual, el sínodo se rió de mí con desdén, porque lo consideraban una tontería.

idea: Recientemente el *Frankfurter Allgemeine Zeitung [el New York Times de Alemania]* reportó, «La iglesia protestante alemana no se está encogiendo: está implosionando»

Wilckens: Estas observaciones son la prueba de que la iglesia necesita una renovación fundamental. No podemos celebrar el aniversario de la Reforma en 2017: ¡tenemos que dejarnos reformar! Todos los grupos devotos que hasta ahora han estado cuidando su propio jardín deben trabajar juntos para para ello. Entonces quedaría claro que hay mucha más gente temerosa de Dios de lo que se reconoce públicamente. ¡Si todos trabajaran juntos!

El Día de Cristo y una Convención de la Iglesia sin testimonio de la fe

idea: ¿Quién podría organizar una reunión así?

Wilckens: Un ejemplo sería el «Día para Cristo» del año pasado en Stuttgart.

idea: Eso ocurrirá este año otra vez.

Wilckens: Sí, pero desgraciadamente coincide con la Convención de la Iglesia Protestante. Eso significa que el «Día para Cristo» no estará libre para traer la renovación espiritual.

idea: ¿Por qué no?

Wilckens: La Convención de la Iglesia Protestante es un evento secular mediático, intencionalmente así.

idea: La Convención de la Iglesia es un mítin de personas cristianas robustos y alegres.

Wilckens: Personas robustas y alegres—¡Sí! Mucha gente joven—¡maravilloso! Pero, ¿qué tan importante es la fe cristiana allí? Los devocionales, los sermones, las conferencias teológicas tratan de lo todo lo imaginable—pero no van al centro de la fe.

idea: Ni siquiera usted como obispo pudo detener el declive de la Iglesia.

Wilckens: Eso es correcto. En retrospectiva me digo: Debí haber hecho más. Por ejemplo, debí haber tenido una mayor participación en la formación de los candidatos al pastorado. Tal vez así podía haber influido, no en los formadores, sino en los futuros pastores. Para *entonces ya se requería valor para que alguien diera testimonio de su fe en Jesucristo y tomar en serio la Biblia como Sagrada Escritura. Los entrenadores de pastores eran egresados de programas universitarios en los que sus profesores ya los habían hecho desistir de esas convicciones. Me temo que no hablé lo suficiente sobre esto, sino que solo lo mencioné casualmente.*

Rara vez conocí gente tan rencorosa

idea: ¿Fue usted un obispo sin éxito?

Wilckens: No puedo responder ni con un sí ni con un no. Lo que fue sorprendente, sin embargo, fue el éxito de una petición a todas las juntas directivas de las iglesias de comenzar cada reunión con una reflexión sobre un texto bíblico y luego una oración por la renovación de la iglesia. Más de la mitad de las congregaciones reportaron una respuesta positiva al respecto. Por otro lado, me convertí en el blanco de la animosidad de teólogas feministas maliciosas. Rara vez me he encontrado con gente tan rencorosa. Al principio no me tomé en serio sus ataques. Después de todo, mi esposa también es teóloga, pero no es feminista.

Recibí una vida nueva

idea: ¿Se alegró cuando renunció al obispado luego de diez años?

Wilckens: No, quería volver a presentarme a las elecciones, pero de repente me enfermé de muerte. Me diagnosticaron cáncer de páncreas, que generalmente tiene un pronóstico fatal. Los médicos me dieron seis meses. Soporté una operación de nueve horas. Para mi asombro y gran alegría, no morí, sino que recuperé mi salud. Recibí una vida nueva.

idea: Usó su tiempo para escribir una teología del Nuevo Testamento en seis volúmenes. Sus colegas profesores le dieron un trato silencioso. Casi no hay revisiones de alguno de los libros.

Wilckend: Desafortunadamente eso es cierto.

idea: Su teología pasó de moda. ¿Tiene alguna explicación para eso?

Wilckens: Se trata nada menos que de un cautiverio al pensamiento radicalmente crítico y liberal, lo que podríamos llamar el «feo foso» en el que muchos han caído a raíz de la Ilustración y de la desmitificación de la Biblia por parte de Rudolf Bultmann (1884-1976). Esta teología tiene rasgos ateos y sigue extendiéndose. Hice de eso el tema de mi reciente libro Kritik der Bibelkritik. Mi impresión es que muchos teólogos consideran que no es necesario ni siquiera darle atención a mis argumentos.

idea: ¿En qué punto la teología se ha descarrilado?

Wilckens: Desde la Ilustración, la fe ha sido ampliamente entendida como algo inventado en el hombre—como religiosidad subjetiva. El sentido de que Dios es una presencia activa y parte de la fe ha desaparecido. Por ello, la teología, al igual que la iglesia, necesita una profunda renovación. Necesitamos un nuevo descubrimiento de la realidad de Dios.

Sin ansiedad por la muerte porque hay resurrección

idea: Sr. Wilckens, antes de nuestra cita usted me dijo que podría tomarle un tiempo llegar a la puerta para abrirme luego que tocara el timbre.

Wilckens: El año pasado tuve una mala caída. Fue el único día del invierno en que las calles estaban heladas y resbaladizas. Me di cuenta demasiado tarde. Me destrocé totalmente mi hombro derecho, y a eso hay que añadir una fractura de pelvis. Luego, en la clínica sufrí un derrame cerebral. Estuve durante semanas en la sala de neurología. Luego me trasladaron a rehabilitación, aunque nadie pensó que la rehabilitación sería posible. Pero finalmente pude recibir el alta y volver a casa. Mi fisioterapeuta me entrenó para alcanzar de nuevo la independencia. Mientras tanto, mi esposa tuvo que ingresar en una residencia de ancianos. La visito allí cada dos días.

idea: Está en la recta final de su vida.

Wilckens: Así es.

idea: ¿Ese pensamiento le inquieta?

Wilckens: No, pero puede ser bueno que eso sea lo que se avecina. Nadie sabe lo que traerá el mañana. Pongo mi vida en las manos de Dios cada noche—que Él haga conmigo lo que le plazca. Y por muy

Apéndice 1

doloroso que sea el camino que me espera: ¡está la resurrección! Ahí está mi esperanza.

idea: Muchísimas gracias por la entrevista.

Ulrich Wilckens (86 al momento de esta entrevista) fue Obispo del distrito Holstein-Lübeck de la Iglesia Nordelbische entre 1981-1991. Antes de eso fue profesor del Nuevo Testamento en Marburg, Berlín, y Hamburgo. Es el autor de seis volúmenes de la Teología del Nuevo Testamento. *La crónica de su cambio de perspectiva se puede ver en los libros* Kritik der Bibelkritik *(2012) e* Historische Kritik der historisch-kritischen Exegese: Vonder Aufklärung bis zur Gegenwart *(2017). Wilckens está casado y es el padre de tres hijas.*

APÉNDICE 2

La cruz y la sanidad humana

La Dra. M. Sydney Park, profesora de Nuevo Testamento en la Beeson Divinity School en Birmingham, Alabama, escribió los siguientes párrafos en el capítulo diez de un libro del que es coautora junto con el erudito del Antiguo Testamento Kenneth A. Mathews, *The Post-Racial Church: A Biblical Framework for Multiethnic Reconciliación* (Grand Rapids: Kregel, 2011), pp. 266-70. Este extracto de su libro aparece a continuación con su permiso.

El peregrinaje de la Dra. Park refleja en aspectos importantes las experiencias que los primeros cristianos pasaron en su camino hacia el tipo de congregaciones de herencia mixta como la que surgió en la Antioquía de Siria (donde se llamó por primera vez a los cristianos: Hechos 11:26) y que gradualmente se reprodujo en todo el imperio romano.

Una de las principales implicaciones de Hechos (y posteriormente de Ef. 2-3) es que a través del mensaje evangélico la *echthra* (hostilidad; véase Gn. 3:15 LXX; Ef. 2:14, 16) entre los pueblos se sustituye por la solidaridad—incluso el amor—gracias a Cristo. Hechos termina con ese mensaje todavía en marcha.

Hoy nos encontramos en la misma posición histórico-salvadora, salvo que las implicaciones de la hostilidad humana y el precio de la incapacidad regional e internacional para unirse por el bien común y la gloria de Dios es una realidad más cruda que nunca. La Dra. Park señala un camino para cambiar los corazones de modo que la gente se sienta más inclinada a valorar a los demás en lugar de a sí misma.

UN TESTIMONIO DE CONVERSIÓN Y ESPERANZA
Dra. Sydney Park

El racismo engendra racismo

Yo (Park) no siempre fui cristiana. Aunque crecí en un hogar cristiano, asistiendo a la iglesia todos los domingos (presbiteriana), me proclamé atea en la universidad y solo llegué a la fe en enero de 1987, un año y medio después de la graduación universitaria. Mi conversión fue diferente de muchas historias de «llegar a la fe» que he escuchado a lo largo de los años. Confesé a Jesucristo como mi Salvador después de pensar en el proceso de la fotosíntesis y la ecología, lo que finalmente me llevó a reconsiderar la creación y la evolución. Todo el proceso duró aproximadamente cuatro horas en una fría tarde de enero en mi apartamento de Evanston, Illinois. Pero esta historia no trata simplemente de mi conversión del ateísmo al cristianismo. Es una historia de cómo la fe cristiana acabó afectando mi perspectiva sobre las personas que no pertenecen a mi propia herencia racial, la coreana. Cuando tenía ocho años, emigré a los Estados Unidos con mi familia en 1971. Mientras asistía a las escuelas públicas de la ciudad de Chicago, aprendí rápidamente qué era un «*chink*». El patio de la escuela no siempre es un escenario para el juego inocente, sino que a menudo es una plataforma para la crueldad y la maldad. Insultos raciales como «cara plana», «cara de luna», «ojos rasgados» se repetían a diario en mis oídos. Los insultos y gestos denigrantes (sacar los párpados para hacerlos achinados, los «*ah-so*», etc.) solían conllevar empujones físicos y a veces golpes. Pronto aprendí que para hacer frente a los prejuicios raciales de cada día tenía que desarrollar mi propio arsenal de insultos raciales.

Después de un par de años en el centro de la ciudad de Chicago, nos mudamos a los suburbios, Glen Ellyn, Illinois. Mis padres estaban convencidos de que la mudanza a los suburbios disminuiría las desgracias del patio de recreo y definitivamente mejoraría mi idioma. Tenían razón al suponer que los suburbios ofrecerían una clase de personas más gentiles, pero estaban totalmente equivocados si esperaban menos racismo como resultado de un mejor estatus económico. Sí, las peleas en el patio de recreo cesaron, pero experimenté el racismo en un nivel completamente nuevo. Cuando yo era estudiante de primer año de la escuela secundaria en 1974, había cuatro familias asiáticas, tres familias negras y una familia india en nuestro distrito escolar. Y las minorías eran sutil pero firmemente rechazadas de los grupos populares.

Sin violencia física, ni siquiera insultos verbales, sentí que el racismo me rodeaba desde todas las direcciones. Ahora eran susurros cada vez que me acercaba y el estallido de risas y carcajadas cada vez que pasaba. Eran las miradas sin sonrisa las que me hacían sentir no diferente, sino *extraña*. Era la mirada silenciosa y poco amistosa del cajero del supermercado que acababa de saludar al anterior cliente que era blanco con tranquilidad y amabilidad. Sabía que era diferente y objeto de burla en la ciudad; en los suburbios, aprendí que nunca me aceptarían como un igual. Como adolescente con problemas de identidad, vivir en los suburbios me convenció de que a menos que tuviera un aspecto «blanco», nunca sería sería bonita.

Pero la universidad lo cambió todo. Estaba rodeada no solo de numerosos asiáticos, sino también de judíos (en 1977, en la University of Chicago solo había unos pocos estudiantes hispanos y negros). Encontré amigos que entendían el racismo por experiencia propia. Y esta solidaridad como víctimas del racismo dio fuerza y valor a nuestro racismo inverso contra los blancos. Después de todo, los blancos eran la fuente principal de mi experiencia con el racismo. Pero como había aprendido en los cursos de historia del instituto y de la universidad, también eran los opresores de los judíos y los negros. ¿Por qué no debía tratarlos con el mismo odio y racismo? Pero a medida que avanzaba en la universidad, experimenté el racismo de un grupo totalmente diferente—los afroamericanos.

La University of Chicago está situada en Hyde Park, un barrio clasificado como el «gueto» compuesto predominantemente por negros. Cada vez que caminaba por estos barrios, era recibida con insultos y gestos racistas que ahora me resultaban demasiado familiares. Era objeto de burla no solo para los blancos, sino también para los negros. Comencé a desarrollar una profunda rabia y resentimiento hacia todas las razas que no fueran la mía. Me sentía desconfiada de todas las razas, esperaba el racismo en todas partes y aplicar el perfil racial estaba en piloto automático en mi mente. Y no buscaba la manera de «llevarme bien», sino que la vida se centraba ahora en el ethos hobbesiano, «la supervivencia del más fuerte».

¿«Uno de nosotros»?

Me gustaría poder decir que después de convertirme en cristiana mi experiencia de racismo se detuvo—no fue así. Cuando asistía al Southwestern Baptist Theological Seminary en Fort Worth, Texas, era una «extranjera» para los sureños (sí, la escuela está más exactamente en el suroeste, pero atraía a estudiantes de muchos estados del sur). No solo era una yanqui, sino una «oriental». Pero lo que hacía las cosas más interesantes era que había desarrollado un acento sureño durante mi estancia en Texas. Una estudiante una vez le confesó a mi amiga blanca: «Se viste como nosotros, habla como nosotros, pero no se parece a nosotros. Estoy muy confundida». Incluso cuando había eliminado las diferencias en la medida de lo posible, seguía sin ser «la misma» simplemente en en virtud de mi origen étnico.

Por supuesto, el acento no ayudaba, confundía aún más a la gente. Una vez, cuando conducía de Houston a Fort Worth, perdí el sentido de la orientación y no pude encontrar la Interestatal 45. Así que, mientras hacía un giro en U en una de las calles, me di cuenta que un hombre pasaba por allí y me detuve para pedirle indicaciones. Después de pedirle la dirección, el hombre se rascó la cabeza y dijo: «Cariño, ¿tu padre es blanco?». No importaba lo «americana» que fuera, la gente siempre me preguntaba: «¿De dónde eres?», es decir, «De dónde es tu gente?» Pero el racismo o la incomodidad con la diferencia étnica no era solo particular del sur o incluso de Norteamérica. Cuando estuve en Aberdeen, Escocia, en 2001-2004, me encontré con formas de burla (risas, el gesto con los ojos y los insultos raciales flagrantes) que no había experimentado desde los días de instituto y universidad. Y no puedo imaginar que el racismo en diversas formas deje de existir en este mundo.

Apéndice 2

La cruz: un bálsamo sanador para el racismo

Si seguí siendo víctima del racismo en diversos grados después de de convertirme en cristiano, entonces ¿cuál es la historia de la «conversión»? No es el mundo, ni cómo el mundo me ve o me trata lo que ha cambiado, sino cómo he cambiado yo a través del proceso de conocer a Cristo. Mientras mi conversión del ateísmo al cristianismo fue importante, fue profunda en varios niveles. Aunque tomó tiempo, a través de los años de ser discípula de Cristo, descubrí que ya no tenía motivos para ser racista. Mi razón inicial para el racismo puede haber sido simplemente la represalia, pero el motivo más profundo iba más allá de «vengarse».

Los efectos del racismo se filtraron hasta el nivel más profundo de mi psique y me hicieron sentir menos que humana. Nunca fui «lo suficientemente buena» y nunca sería «suficiente». Siempre fui de segunda clase a los ojos de la mayoría, siempre la «extranjera», a pesar de ser ciudadana estadounidense naturalizada desde 1977 y de hablar un inglés perfecto. El incentivo para arremeter contra las otras razas era el impacto que el racismo tenía en mi autoestima. Esta profunda necesidad de valía fue satisfecha a través de Jesucristo.

El hecho de que el Hijo de Dios estuvo colgado en la cruz para salvarme del pecado me proporcionó toda la autoestima que necesitaba. No hay mayor declaración del valor de la vida humana como creación de Dios que la cruz. Dios como creador me hizo plenamente humana y Dios como redentor me ha reconciliado plenamente. Cuando estaba en la Trinity Evangelical Divinity School en 1999-2000, recuerdo una sesión de grupos pequeños en la que cada estudiante compartió lo que le sirvió de estímulo y motivación en un día determinado. Algunos decían que las palabras amables de la gente, otros confesaban que el amor de su familia (esposas, hijos, padres) les proporcionaba la fuerza necesaria, y otros señalaban la belleza de la creación de Dios reflejada en la naturaleza como elementos edificantes en sus vidas.

Me di cuenta, en ese momento, de que solo había una cosa que realmente me daba esperanza y ánimo con respecto a mi autoestima. No eran las palabras amables de los amigos, pues estaba segura de que mis amigos no solo trataban de verme de la mejor manera posible, sino que estaba segura de que no me «conocían» realmente en todo mi pecado.

Ni siquiera era el amor de mi familia, ya que no podía imaginar que mis padres no me quisieran a pesar de mis defectos. En la cultura asiática, la posibilidad de que los padres no amen a sus hijos es tan buena como que un naranjo dé manzanas. *Por supuesto* que mis padres me querían. ¿No es obligatorio? Lo único que realmente me animó fue Jesucristo en la cruz. Dada la santidad y y la justicia de Dios, él no está obligado a amarme, y sin embargo lo hace. Dada la omnisciencia de Dios, él ve mis pecados con más claridad que yo misma puedo admitir, y sin embargo no se aparta, sino que cuelga en la cruz. Dios me ve tal como soy en mi fragilidad y mi fracaso. Me ve en mi desesperación por ser amada y me proporciona su profundo amor de buena gana y eternamente. La belleza del mundo pasará, los amigos irán y vendrán, e incluso mi familia puede rechazarme, pero el amor de Dios visto en la cruz perdura para siempre.

Con respecto a otras razas, ya no hay enemistad, ya no hay lucha por la aprobación, ahora hay paz (Ef. 2:11-16). Ya no tengo razón para acercarme a otras razas con recelo, ira y resentimiento y no tengo necesidad de acusar. Cualquier raza con la que me encuentre ahora, es una ocasión para dar testimonio de la bondad de Dios por medio de su Hijo Jesucristocristo (1 Cor. 9:19-23). Independientemente de la raza, todos los cristianos son ahora mis «*kin*» y llamo a las personas que no son de mi raza «mis hermanos y hermanas». Y encuentro que las relaciones mis genuinas y penetrantes que tengo con personas que tienen el mismo amor por Cristo, sin importar su raza o etnia. Mi mundo ha cambiado, sin duda, de la ira y el resentimiento a la paz.

Pero, también se ha transformado de una etnia a una diversidad multiétnica. Y aún más, no son solo los norteamericanos, sino los escoceses y los ingleses que componen mi nueva familia en Cristo. ¿Es el mensaje del evangelio tal como se transmite en las Escritura un mensaje de verdad? Pero, también se ha transformado de una Pero también se ha transformado de una etnia a una diversidad multiétnica. Y aún más, no son solo los norteamericanos, sino los escoceses y los ingleses que componen mi nueva familia en Cristo.

¿Es el mensaje del evangelio tal como se transmite en las Escrituras un mensaje de verdad? ¿Es cierto que el pecado ha muerto en la cruz? ¿Es cierto que la paz es posible entre las razas? A menos que el evangelio de Jesucristo sea verdadero, todos profesamos a Cristo en vano y no hay esperanza para nosotros individualmente y corporativamente. Descubrí que si voy a creer genuinamente que soy salva por la cruz, entonces también debo creer que soy salva de mi anterior vida de pecado por una vida marcada por la justicia de Dios. Mis prejuicios contra todos aquellos que se burlaron de mí y me hicieron sentir inferior mediante el abuso verbal y físico y el desprecio silencioso llegan a su fin en la cruz.

Trabajos citados

Baird, William. *History of New Testament Research*. Volume 1: *From Deism to Tübingen;* volume two: *From Jonathan Edwards to Rudolf Bultmann*; volume 3: *From C. H. Dodd to H. D. Betz*. Minneapolis: Fortress, 1992-2013.

Balla, Peter. *Challenges to New Testament Theology: An Attempt to Justify the Enterprise*. Wissenschaftliche Untersuchungen zum Neuen Testament 95. Tübingen: Mohr Siebeck, 1997.

_____. *The Child-Parent Relationship in the New Testament and Its Environment*. Wissenschaftliche Untersuchungen zum Neuen Testament 155. Tübingen: Mohr Siebeck, 2014.

Barrett, Matthew. «Is Our Doctrine of Inerrancy Christological Enough? The Future of Inerrancy and the Necessity of Dogmatics». *Presbyterion* 44 (Spring 2018) pp. 25-41.

Bauckham, Richard. *The Gospel for All Christians*. Grand Rapids: Eerdmans, 1998.

Baur, F. C. *History of Christian Dogma*. Ed. Peter C. Hodgson, trans. Robert F. Brown and Peter C. Hodgson. Oxford: University Press, 2016 [original 1858].

_____. *Lectures on New Testament Theology*. Ed. Peter C. Hodgson, trans. Robert F. Brown. Oxford: University Press, 2016 [original 1864].

Bauspiess, Martin, Christof Landmesser, and David Lincicum, eds. *Ferdinand Christian Baur und die Geschichte des frühen Christentums*. Wissenschaftliche Untersuchungen zum Neuen Testament 333. Tübingen: Mohr Siebeck, 2014.

Benedict, Pope XVI. *Jesus of Nazareth*. Vol. 1: *Jesus of Nazareth: From the Baptism in the Jordan to the Transfiguration*; vol. 2 *Jesus of Nazareth: Holy Week: From the Entrance Into Jerusalem to The Resurrection*; vol. 3 *Jesus of Nazareth: The Infancy Narratives*. San Francisco: Ignatius Press, 2007–2012.

Benoit, Gregory C. *The Kingdom Unleashed: How Jesus' 1st-Century Kingdom Values Are Transforming Thousands of Cultures and Awakening His Church*. Murfreesboro, TN: DMM Library, 2018.

Berger, Klaus. *Die Bibelfälscher. Wie wir um die Wahrheit betrogen werden*. Neukirchen-Vluyn: Neukirchener Theologie, 2012.

Bird, Michael. Review of *Beyond Biblical Theology: Sacralized Culturalism in Heikki Räisänen's Hermeneutics*. *Review of Biblical Literature* 9 (2016).

Blomberg, Craig. «A Constructive Traditional Response to New Testament Criticism». In James K. Hoffmeier and Dennis R. Magary, eds., *Do Historical Matters Matter for Faith? A Critical Appraisal of Modern and Postmodern Approaches to Scripture*. Wheaton: Crossway, 2012. pp. 345-65.

_____. *The Historical Reliability of the New Testament: Countering Challenges to Evangelical Christian Beliefs*. Nashville: B&H Academic, 2016.

_____. *A New Testament Theology*. Waco, TX: Baylor University Press, 2018.

Bockmühl, Klaus. *The Unreal God of Modern Theology: Bultmann, Barth, and the Theology of Atheism*. Colorado Springs, CO: Helmers & Howard Publishers, 1988.

Bottum, Joseph. *An Anxious Age: The Post-Protestant Ethic and the Spirit of America*. Nueva York: Image, 2014.

Bultmann, Rudolf. *Theology of the New Testament*. 2 vols. Trans. Kendrick Grobel. Nueva York: Charles Scribner's Sons, 1951.

Trabajos citados

Cara, Robert. *Cracking the Foundation of the New Perspective on Paul: Covenantal Nomism versus Reformed Covenantal Theology*. Fearn, Ross-shire, Reino Unido: Christian Focus/Mentor, 2017.

Carlson, Darren. «Christian Faith and Practice Amongst Migrants in Athens, Greece». PhD thesis. Middlesex University. 2018.

Carson, D. A., ed. *The Enduring Authority of the Christian Scriptures*. Grand Rapids/Cambridge, Reino Unido: Eerdmans, 2016.

Chester, Stephen J. *Reading Paul with the Reformers: Reconciling Old and New Perspectives*. Grand Rapids: Eerdmans, 2017.

Cochlovius, Joachim and Peter Zimmerling, eds. *Evangelische Schriftauslegung: Ein Quellen- und Arbeitsbuch für Studium und Gemeinde*. Krelingen: Geistliches Rüstzentrum/Wuppertal: R. Brockhaus, 1987.

Congdon, David. *The God Who Saves: A Dogmatic Sketch*. Eugene, OR: Cascade, 2016.

_____. *The Mission of Demythologizing: Rudolf Bultmann's Dialectical Theology*. Minneapolis: Fortress, 2015.

Croy, N. Clayton. Review of Candida Moss, *The Myth of Persecution: How Early Christians Invented a Story of Martyrdom*. Review of Biblical Literature 10 (2013) 1-6.

Cummings, Brian. «Luther in the Berlinka». *Times Literary Supplement*, Diciember 12, 2017.

Dorrien Gary. *Kantian Reason and Hegelian Spirit: The Idealistic Logic of Modern Theology*. Chichester, West Sussex, Reino Unido: Wiley-Blackwell, 2012.

Eskola, Timo. *Beyond Biblical Theology: Sacralized Culturalism in Heikki Räisänen's Hermeneutics*. Biblical Interpretation 123. Leiden: Brill, 2013.

Fesko, J. V. *The Spirit of the Age*. Grand Rapids: Reformation Heritage Books, 2017.

Frey, Jörg. *Von Jesus zur neutestamentlichen Theologie: Kleine Schriften II*. Ed. B. Schliesser. Wissenschaftliche Untersuchungen zum Neuen Testament 368. Tübingen: Mohr Siebeck, 2016.

Gadenz, Pablo T. «Magisterial Teaching on the Inspiration and Truth of Scripture: Precedents and Prospects». *Letter & Spirit* 6 (2010) pp. 67-91.

Gerdmar, Anders. «The End of Innocence: On Religious and Academic Freedom and Intersubjectivity in the Exegetical Craft – A Response to James Kelhoffer». *Svensk Exegetisk Årsbok* 82 (2017) pp. 179-209.

_____. *Rethinking the Judaism-Hellenism Dichotomy: A Historiographical Case Study of 2 Peter and Jude*. Coniectanea Biblica, New Testament Series 36. Stockholm: Almqvist & Wiksell, 2001.

_____. *Roots of Theological Anti-Semitism: German Biblical Interpretation and the Jews, from Herder and Semler to Kittel and Bultmann*. Studies in Jewish History and Culture 20. Leiden/Boston: Brill, 2010.

_____ with Kari Syreeni. *Vägar till Nya Testamentet. Tekniker, metoder och verktyg för nytestamentlig exegetik*. Lund: Studentlitteratur, 2006.

Guthrie, Donald. *New Testament Theology*. Leicester, Reino Unido y Downers Grove, IL: Inter-Varsity, 1981.

Hammann, Konrad. *Rudolf Bultmann: A Biography*. Trans. Philip E. Devenish. Salem, OR: Polebridge, 2012.

_____. *Rudolf Bultmann – Eine Biographie*. Tübingen: Mohr Siebeck, 2009.

_____. *Rudolf Bultmann und seine Zeit: Biographische und theologische Konstellationen*. Tübingen: Mohr Siebeck, 2016.

Hardy, Nicholas. *Criticism and Confession: The Bible in the Seventeenth Century Republic of Letters*. Oxford: Oxford University Press, 2017.

Hartog, Paul. A., ed. *Orthodoxy and Heresy in Early Christian Contexts: Reconsidering the Bauer Thesis*. Eugene, OR: Pickwick, 2015.

Hatch, Nathan O. *The Democratization of American Christianity*. New Haven y London: Yale University Press, 1989.

Hedrick, Charles. «The Church's Gospel and the Idiom of Jesus». *The Fourth R* 30/4 (2017) pp. 3-7, 26.

Jenkins, Philip. *The New Faces of Christianity: Believing the Bible in the Global South*. Nuevo York: Oxford University Press, 2008.

_____. *The Next Christendom: The Coming of Global Christianity*. Tercero ed. Nueva York: Oxford University Press, 2012.

Johnson, Todd M., Gina A. Zurlo, Albert W. Hickman, y Peter Crossing. «Christianity 2017: Five Hundred Years of Protestant Christianity». *International Bulletin of Missionary Research* 41/1 (Enero 2017) pp. 41-52.

_____. «Christianity 2018: More African Christians and Counting Martyrs». *International Bulletin of Missionary Research* 42/1 (Enero 2018) pp. 20-28.

_____. «Christianity 2019: What's Missing? A Call for Further Research». *International Bulletin of Missionary Research* 43/1 (Enero 2019) pp. 92-102.

Johnstone, Patrick. *The Future of the Global Church*. Downers Grove: InterVarsity, 2011.

Keith, Chris. *Jesus Against the Scribal Elite: The Origins of the Conflict*. Grand Rapids: Baker Academic, 2014.

Kelhoffer, James A. *Conceptions of «Gospel» and Legitimacy in Early Christianity*. Wissenschaftliche Untersuchungen zum Neuen Testament 324. Tübingen: Mohr Siebeck, 2014.

_____. *The Diet of John the Baptist: Locusts and Wild Honey in Synoptic and Patristic Interpretation*. Wissenschaftliche Untersuchungen zum Neuen Testament 176. Tübingen: Mohr Siebeck, 2005.

_____. «A Diverse Academy Recognizes No Boundaries for Critical Inquiry and Debate: A Rejoinder to Anders Gerdmar». *Svensk Exegetisk Årsbok* 82 (2017) pp. 210-22.

_____. *Persecution, Persuasion, and Power: Readiness to Withstand Hardship As a Corroboration of Legitimacy in the New Testament*. Wissenschaftliche Untersuchungen zum Neuen Testament 270. Tübingen: Mohr Siebeck, 2010.

_____. «Simplistic Presentations of Biblical Authority and Christian Origins in the Service of Anti-Catholic Dogma: A Response to Anders Gerdmar». *Svensk Exegetisk Årsbok* 82 (2017) pp. 154-78.

Köstenberger, Andreas J. and Michael J. Kruger. *The Heresy of Orthodoxy: How Contemporary Culture's Fascination with Diversity Has Reshaped Our Understanding of Early Christianity*. Wheaton: Crossway, 2010.

Kümmel, W. G. *The New Testament: The History of the Investigation of its Problems*. Nashville: Abingdon, 1972.

Labron, Tim. *Bultmann Unlocked*. London: T&T Clark, 2011.

Ladd, George. *A Theology of the New Testament*. Rev. ed. Grand Rapids: Eerdmans, 1993.

Landmesser, Christof, ed. *Bultmann Handbuch*. Handbücher Theologie. Tübingen: Mohr Siebeck, 2017.

Legaspi, Michael. *The Death of Scripture and the Rise of Biblical Studies*. Oxford: Oxford University Press, 2011.

Leith, John H. *Crisis in the Church: The Plight of Theological Education*. Louisville: Westminster John Knox, 1997.

Lillback, Peter A. and Richard B. Gaffin, Jr. *Thy Word Is Still Truth: Essential Writings on the Doctrine of Scripture from the Reformation to Today*. Phillipsburg, PA: P&R, 2013.

Mahoney, Daniel J. *The Idol of Our Age: How the Religion of Humanity Subverts Christianity*. New York/London: Encounter Books, 2018.

Marshall, I. Howard. *New Testament Theology*. Downers Grove: IVP Academic, 2014.

Marty, Martin. *Dietrich Bonhoeffer's* Letters and Papers from Prison: *A Biography*. Princeton and Oxford: Princeton University Press, 2011.

Mathews, Kenneth A. and M. Sydney Park. *The Post-Racial Church: A Biblical Framework for Multiethnic Reconciliation*. Grand Rapids: Kregel, 2011.

Merk, Otto. *Biblische Theologie des Neuen Testaments in ihrer Anfangszeit: Ihre methodischen Probleme bei Johann Philipp Gabler und Georg Lorenz Bauer und deren Nachwirkungen*. Marburg: N. G. Elwert, 1972.

Moore, Stephen D. y Yvonne Sherwood. *The Invention of the Biblical Scholar: A Critical Manifesto*. Minneapolis: Fortress, 2011.

Moss, Candida. *The Myth of Persecution: How Early Christians Invented a Story of Martyrdom*. San Francisco: HarperOne, 2013.

Neill, Stephen and Tom Wright. *The Interpretation of the New Testament 1861–1986*, 2d ed. Oxford: Oxford University Press, 1988.

Noll, Mark. *The New Shape of World Christianity: How American Experience Reflects Global Faith.* Downers Grove: IVP Academic, 2013.

Nüssel, Freiderike. «Kähler, Martin». *Encyclopedia of the Bible and Its Reception.* Berlin/Boston: De Gruyter, 2017. Cols. 1221-2.

Oden, Thomas C. *A Change of Heart: A Personal and Theological Memoir.* Downers Grove: IVP Academic, 2014.

_____. *Requiem: A Lament in Three Movements.* Nashville: Abingdon, 1995.

Pagels, Elaine. *Beyond Belief: The Secret Gospel of Thomas.* Nueva York: Random House, 2003.

Park, M. Sydney. *A Biblical Theology of Women.* London: T & T Clark, 2019.

Patte, Daniel. *Ethics of Biblical Interpretation.* Louisville: Westminster/John Knox, 1995.

Priest, Robert J. and Kirimi Barine, eds. *African Christian Leadership: Realities, Opportunities, and Impact.* Maryknoll, NY: Orbis, 2017.

Qureshi, Nabeel. *No God But One: Allah or Jesus? A Former Muslim Investigates the Evidence for Islam and Christianity.* Grand Rapids: Zondervan, 2016.

_____. *Seeking Allah, Finding Jesus: A Devout Muslim Encounters Christianity.* Edición extendida. Grand Rapids: Zondervan, 2016.

Romey, Kristen. «The Search for the Real Jesus». *National Geographic*, Dic. 2017 (232/6) pp. 30-69.

Sanneh, Lamin. *Summoned from the Margin: Homecoming of an African.* Grand Rapids/Cambridge, Reino Unido: Eerdmans, 2012.

_____. *Whose Religion Is Christianity? The Gospel beyond the West*. Grand Rapids/Cambridge, Reino Unido: Eerdmans, 2003.

Schnabel, Eckhard J. «The Persecution of Christians in the First Century». *Journal of the Evangelical Theological Society* 61.3 (2018) pp. 525-47.

Schreiner, Thomas. *New Testament Theology*. Grand Rapids: Baker Academic, 2008.

Snodgrass, Klyne. «Are the Parables Still the Bedrock of the Jesus Tradition?» *Journal of the Study of the Historical Jesus* 15/1 (2017) pp. 131-46.

Stuhlmacher, Peter. *Biblical Theology of the New Testament*. Trans. Daniel P. Bailey. Grand Rapids: Eerdmans, 2018.

_____. «Die Tübinger Biblische Theologie des Neuen Testaments – ein Rückblick». *Theologische Beiträge* 48 (2017) pp. 76-91.

Sundquist, Scott W. *The Unexpected Christian Century: The Reversal and Transformation of Global Christianity, 1900-2000*. Grand Rapids: Baker Academic, 2015.

Thielman, Frank. *Theology of the New Testament*. Second ed. Grand Rapids: Zondervan, 2015.

Tietz, Christiane. «Karl Barth and Charlotte von Kirschbaum». *Theology Today* 74/2 (2017) pp. 86-111.

Warfield, B. B. *The Works of Benjamin B. Warfield*. 10 vols. Nueva York: Oxford University Press, 1932.

Wilckens, Ulrich. *Historische Kritik der historisch-kritischen Exegese: Von der Aufklärung bis zur Gegenwart*. Göttingen: Vandenhoeck & Ruprecht, 2017.

Wills, Gregory A. *Southern Baptist Seminary 1859–2009*. Oxford: Oxford University Press, 2009.

Witherington III, Ben. *The Indelible Image*. 2 vols. Downers Grove: InterVarsity, 2009-2010.

Woodbridge, John D. *Biblical Authority: A Critique of the Rogers/McKim Proposal*. Grand Rapids: Zondervan, 1982.

_____. «Evangelical Self-Identity and the Doctrine of Biblical Inerrancy». In Andreas Köstenberger y Robert Yarbrough, eds. *Understanding the Times*. Festschrift for D. A. Carson. Wheaton: Crossway, 2010. pp. 104-38.

_____. «The Fundamentalist-Modernist Controversy». In *Evangelical Scholarship, Retrospects and Prospects*. Eds. Dirk R. Buursma, Katya Covrett, y Verlyn D. Verbrugge. Festschrift for Stanley N. Gundry. Grand Rapids: Zondervan, 2017. pp. 57-107.

Yarbrough, Robert W. «Bye-bye Bible? Progress Report on the Death of Scripture». *Themelios* 39/3 (Noviembre 2014).

_____. «*God's Word in Human Words*: Form-Critical Reflections». En James K. Hoffmeier y Dennis R. Magary, eds., *Do Historical Matters Matter for Faith? A Critical Appraisal of Modern and Postmodern Approaches to Scripture*. Wheaton: Crossway, 2012. pp. 327-43.

_____. Review of *Ethics of Biblical Interpretation*. *JETS* 40/1 (Marzo 1997) pp. 128-9.

_____. *The Salvation Historical Fallacy? Reassessing the History of New Testament Theology*. Leiden: Deo, 2004.

Zaspel, Fred G. *The Theology of B. B. Warfield: A Systematic Summary*. Wheaton: Crossway, 2010.

Hipervínculos

Declaración del Henry Center: http://henrycenter.tiu.edu/2018/01/a-modern-creature-introducing-a-conversation/

Trabajos citados

El martirio de Jamie Schmidt:
https://www.lifesitenews.com/opinion/will-this-be-the-first-american-born-martyr

El pacto de Lausanne:
https://www.lausanne.org/content/covenant/lausanne-covenant

Le Peu comentando sobre Sire:
http://andyunedited.ivpress.com/2018/02/james_w_sire_1933-2018.php

El martirio de Martha Myers:
https://www.samford.edu/news/2003/Slain-Missionary-Dr-Martha-Myers-Gave-Her-All-to-People-who-Were-Suffering

Actualización del martirio de Martha:
https://www.imb.org/2017/12/15/martyrs-jibla-baptist-hospital/

Una confesión cristiana reformada:
https://reformingcatholicconfession.com/

Declaración de Salzburg: http://www.ikbg.net/

El testimonio de Wilckens (alemán): http://kath.net/news/50015

www.ingramcontent.com/pod-product-compliance
Lightning Source LLC
Chambersburg PA
CBHW021013090426
42738CB00007B/769